D0921026

La ciencia de la inmortalidad

ALEJANDRO NAVARRO YÁÑEZ

La ciencia
de la inmortalidad

GUADALMAZÁN

© Alejandro navarro Yáñez, 2018
© Talenbook, s.l., 2018

Primera edición: marzo de 2018

Guadalmazán • Colección Divulgación científica

Edición de Antonio Cuesta
Maquetación de Ana Cabello
Corrección de José Falcón
www.editorialalmuzara.com
pedidos@editorialalmuzara.com-info@editorialalmuzara.com

Imprime: cpi black print
ISBN: 978-84-94608-58-2
Depósito Legal: CO-246-2018
Hecho e impreso en España-*Made and printed in Spain*

Más allá de los cabos y promontorios del ansia, más allá de los premeditados menhires del deseo…, nos movemos y zozobramos en mareas de ilusión, a tientas, buscando más allá de las inmóviles puertas de la inmortalidad.

Lawrence Durrell (1912-1990)

Índice

INTRODUCCIÓN
El ansia de ser inmortales

El interior del palacio parece el de un cuento de hadas, con sus extraordinarios jarrones de intrincados dibujos y hermosos colores iluminados por el brillo de innumerables lamparillas. En el centro de la gigantesca estancia, cuya puerta está guarnecida por las estatuas de dos impresionantes guerreros de terracota, una pequeña fuente asombra a los visitantes con los destellos del mercurio, el metal líquido por el que el emperador ha sustituido el agua habitual.

Pero, recostado en su lujoso asiento, Qín Shǐ no se regocija de las inmensas riquezas que le rodean, ni tampoco del orgullo que debe producirle el haberse convertido, por derecho de conquista, en el gobernante más poderoso del Celeste Imperio. Está preocupado, casi podría decirse que amargado, pues no termina de dar con la solución a su problema. De joven, ha sido un guerrero hábil e implacable que, tras alzarse con el poder en su reino de origen, ha conseguido derrotar a todos sus enemigos feudales, poniendo fin al así llamado período de los Reinos Combatientes y proclamándose nada menos que emperador de toda China. Después, ha abolido el feudalismo, ha construido

Retrato del emperador Qín Shǐ Huáng encontrado
en su mausoleo junto con más de 8000 figuras de
guerreros y caballos de terracota a escala real.

una extensa red de canales y de carreteras, y ha unificado completamente la economía, incluyendo la escritura, la moneda y una infinidad de cuestiones legales y comerciales. Y, por encima de todo, ha comenzado la construcción de la incomparable Gran Muralla, una maravilla que sin duda quedará para la posteridad.

Pero, a medida que envejece, a Qín Shǐ, cuyo auténtico nombre de pila es Zheng, se le va agriando el carácter. Nunca ha sido un santo, pues suele pasar a cuchillo al primero que se le oponga, pero ahora le consume el estar perdiendo la energía y la viveza de antaño. Él no quiere morir, no *debe* morir, pues es demasiado grande, demasiado poderoso como para que ese sea su destino. Los cientos de miles de obreros fallecidos durante la construcción de la Gran Muralla y los millares de soldados caídos en combate no se merecían la vida eterna, porque eran seres insignificantes, meros peones de un gobernante cuya grandeza traspasa las fronteras y desafía toda descripción. Pero él sí. Si alguien en este mundo merece la inmortalidad, es él.

Sin embargo, y a pesar de haber dedicado ya muchos años y recursos a la tarea, se da cuenta de que lenta, pero inexorablemente, sigue envejeciendo. Cada vez se encuentra más débil, y ni sus huesos ni sus músculos le responden como antaño. La memoria le falla, y su aguda mirada ha perdido aquel resplandor de sus años de gloria. Lo ha probado todo, plantas, elixires y remedios sin fin, e incluso ha enviado a sus ejércitos y a sus naves hasta los confines de mundo, persiguiendo cualquier vieja leyenda que hablase de algún secreto escondido sobre la eterna juventud. Ahora, viejo y cansado, y tras haber ejecutado a innumerables charlatanes que le han embaucado, ha puesto todas sus esperanzas en el mercurio, ese fascinante líquido de brillo metálico al que todos atribuyen propiedades mágicas, incluyendo, por supuesto, la inmortalidad.

Desesperado por vivir eternamente, Zheng ha ordenado a sus médicos privados que den con el remedio definitivo. En caso de éxito, serán cubiertos de oro; de lo contrario, rodarán cabezas. Ante semejante perspectiva, los galenos de la Corte se están afanando en dar con la solución, atiborrando al pobre Qín Shǐ con todo tipo de pócimas. Tan confiado ha llegado a estar el emperador en el éxito de la empresa, y tal es la fascinación que le provoca el mercurio, que continuará consumiendo remedios hasta el último día de su vida, a comienzos de septiembre de 210 a. C., cuando se encuentre en el este buscando las míticas islas de los inmortales. Lo que nunca llegará a sospechar es que morirá envenenado por los compuestos del ponzoñoso metal líquido que tan ciegamente trasiega.

Este relato novelado del primer emperador de China ilustra perfectamente lo que ha sido y sigue siendo una de las obsesiones más duraderas de toda la historia de la raza humana: la búsqueda de la inmortalidad. Desde un principio, la capacidad de visualizar el porvenir, esa extraña propiedad de la mente humana de la que carecen el resto de los animales, nos hizo ser plenamente conscientes de que, tarde o temprano, todos íbamos a morir. Y, al igual que nos sucede a nosotros, a muchos de nuestros ancestros semejante condena a largo plazo se les hizo insoportable, de manera que buscaron en las distintas religiones una forma de alcanzar

La Gran Muralla china comenzó a construirse 200 a. C. bajo el mandato de Qín Shǐ. Pese a su gran longitud (más de 5000 km) es un mito que sea una de las estructuras humanas visibles desde el espacio.

una segunda vida, en esta ocasión eterna, a ser posible. La muerte pasaba así de ser algo definitivo a una suerte de tránsito pasajero, siempre y cuando el sujeto se atuviese a las normas dictadas por los dioses.

Pero en algunos lugares, como en Egipto, el culto a los difuntos fue más allá de una creencia en la supervivencia del espíritu, llegándose a la conclusión de que, al menos en cierta medida, era necesario *preservar el cuerpo* para la posteridad. El origen de esta creencia no es del todo seguro, perdiéndose en la noche de los tiempos, pero su consecuencia fue el desarrollo de toda una serie de técnicas que contribuían a la conservación de los cadáveres y, más en concreto, a la momificación. En la momia, el difunto encontraba un lugar seguro para reposar durante toda la eternidad.

El mausoleo de Qín Shǐ estaba custodiado por más de 8000 figuras de guerreros y caballos. Un ejercito hecho a escala real (todos miden unos 180 cm), de terracota y en el que ningún rostro se repite.

Con el tiempo, el relativo éxito de las técnicas de conservación, con sus misteriosos y secretos ingredientes, se mezcló con los mitos y leyendas referentes a personas que, por distintos motivos, habían conseguido prolongar su juventud gracias al favor de los dioses, desembocando todo ello en una curiosa tradición según la cual existían sustancias capaces de alargar la vida y eliminar los achaques de la vejez. Este tipo de rumores atravesó todas las fronteras, y las leyendas acerca de elixires que garantizaban la inmortalidad circularon por todo el mundo conocido, aderezadas con relatos acerca de personas que habrían alcanzado edades asombrosas. Las religiones, por su parte, aportaron su grano de arena con las historias sobre santos, beatos y otros ascetas incorruptos, mientras que la superstición hacía que la imaginación de la gente se desbocase, llegando a creer a cierra ojos en seres malignos aparentemente inmortales, tales como los vampiros.

Con el advenimiento de la ciencia moderna, la charlatanería y las supersticiones fueron enterradas por estudiosos que empezaban a tomarse en serio la posibilidad de que hubiese métodos objetivos para prolongar la existencia. Aliada con la generalización de las medidas de higiene, la medicina provocó un aumento progresivo en la esperanza de vida y en la longevidad media de la población, un incremento que en las últimas décadas puede calificarse de espectacular. Sin embargo, el límite de edad para la vida humana parece mantenerse estable a pesar de todos nuestros esfuerzos, y la ciencia está empezando a comprender por qué esto es así. Las investigaciones, tanto en animales como en humanos, se suceden sin descanso, y están apareciendo claros indicios de los mecanismos que se encuentran detrás de los secretos de la longevidad. Como veremos, estos enigmas son intrincados, y su esclarecimiento implica bucear en los procesos más básicos que se encuentran en el centro de ese asombroso fenómeno al que llamamos vida.

En los últimos años, la investigación de vanguardia viene acompañada de una auténtica ansia porque se produzcan hallazgos fundamentales en esta materia, algo que alimenta a la prensa sensacionalista y a los nuevos embaucadores, que en materia de venderle un poco de humo al prójimo siempre están a la que salta. Así, y cual si se tratase de un eco de los viejos alquimistas, desfilan por los medios de comunicación modernos elixires como la melatonina, la hormona del crecimiento o el resveratrol, mientras polémicos investigadores, como el norteamericano Aubrey de Grey, llenan el ciberespacio de charlas TED en las que vaticinan que el hombre pronto será poco menos que inmortal.

Al mismo tiempo, los científicos van consiguiendo desentrañar, paso a paso, los verdaderos misterios del envejecimiento, mientras los partidarios del transhumanismo ven un futuro en el que viven humanos mejorados, e incluso mentes

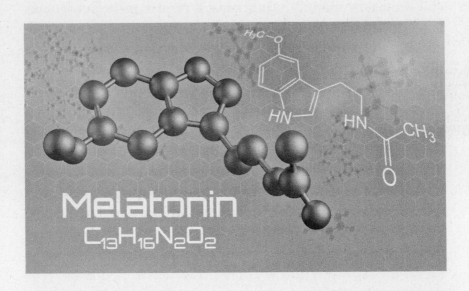

Representación de una molécula de melatonina, N-acetil-5-metoxitriptamina. Se trata de una hormona cuya concentración varía de acuerdo al ciclo diurno/nocturno. Se sintetiza a partir del aminoácido esencial triptófano. Se produce, principalmente, en la glándula pineal participando en una gran variedad de procesos celulares, neuroendocrinos y neurofisiológicos, como el control del ciclo diario del sueño.

completamente independientes de un único cuerpo material. Como consecuencia de las investigaciones, es muy probable que en las próximas décadas se produzca un auténtico vuelco en la longevidad humana, con la mayoría de la gente alcanzando la barrera de los cien años, e incluso bastante más. Pero, por atractiva que parezca esta propuesta, no está exenta de riesgos para una sociedad que posiblemente vea como la organización económica y social desarrollada durante siglos se pone patas arriba en un tiempo relativamente muy corto.

Desde las viejas tumbas egipcias a los laboratorios de criogenia y regeneración celular, este libro cuenta el asombroso relato de la búsqueda de la vida eterna por parte de nuestra especie, una historia plagada tanto de engaños y de supersticiones como de esperanzas y sorpresas. Por él desfilan emperadores megalómanos y conquistadores codiciosos, junto con extraños animales, ingeniosos científicos y personajes legendarios que en su día gozaron del aura de la inmortalidad. En sus páginas hallará zombis conviviendo con pócimas milagrosas y con la fuente de la juventud, pero también con la teoría de la evolución, con la biología molecular y con la magia de la inteligencia artificial.

Espero que disfrute del camino, y que cuando termine tenga una idea clara de los detalles de una de las empresas más fascinantes de toda la historia de la humanidad. Ah, y no pierda la esperanza. Es muy posible que, en este preciso instante, en un laboratorio de vanguardia alguien esté dando con la tecla para que viva usted muchos más años de los que en este momento es capaz de imaginar.

Momias, embalsamadores y santos incorruptos

... (en realidad, sus miembros) no estaban inertes, no se pudrirán, no sufrirán corrupción, no se descompondrán. Sea lo que fuere, lo mismo ocurrirá conmigo, ¡porque yo soy Osiris!

Libro de los muertos (1550-50 a. C.)

¿Cuál es la momia[1] más antigua de la que se tiene noticia? Si nos estamos refiriendo a cadáveres conservados por causas naturales, el más famoso del mundo es sin duda el de Ötzi[2], un cazador-recolector que vivió hacia 3200 a. C., y que murió asesinado de un flechazo por la espalda en los Alpes italianos, a más de tres mil metros de altitud. A consecuencia del frío extremo de la zona, los microorganismos no pudieron cebarse con el finado, cuyo cuerpo congelado ha llegado hasta nuestros días en un estado de conservación admirable. Tan bien preservado está este «hombre de los hielos», que

---

1   Del árabe *mummiya* (bitumen).
2   También llamado Hombre de Similaun u Hombre de Hauslabjoch, fue bautizado así en referencia al lugar en el que fue encontrado, los Alpes de Ötztal, cerca de la frontera entre Austria e Italia.

los investigadores han podido identificar el contenido del estómago en el momento de su muerte, así como los detalles de los tatuajes con los que adornaba su piel. También han revelado su edad (cuarenta y seis años), así como que padecía de artritis, caries, infecciones y problemas cardiovasculares.

Analizando el genoma de la ya célebre momia, en un estudio realizado por la Universidad Médica de Innsbruck se llegaron a identificar hasta diecinueve personas que viven actualmente en Austria y que están emparentadas con el desdichado cazador, cuyo hallazgo nos recuerda lo difíciles que debieron ser aquellos tiempos y lo poco probable que debía resultar el alcanzar una edad avanzada. Sin embargo, por esta curiosa carambola del destino, el bueno de Ötzi ha podido al final hacerse un hueco en la posteridad. No en vano, en 2013 se informó de que había unas cuantas mujeres dispuestas a fecundar uno de sus óvulos con el ADN del antiguo explorador.

Menos conocidas, aunque igual de sorprendentes, son las antiquísimas momias de Chinchorro, anteriores en dieciocho siglos al célebre cazador-recolector, y que son consecuencia de los ritos funerarios de la cultura de pescadores del mismo nombre que floreció en las costas de Chile y de Perú más de cinco mil años antes de nuestra Era. Los métodos que usaban estos antiguos artesanos para conservar a sus muertos eran relativamente simples, pero, para sorpresa de los arqueólogos, ya mostraban buenos conocimientos en materia de química y de anatomía.

Para empezar, despojaban al cadáver de la piel, los músculos y los órganos internos, y luego lo volvían a modelar en barro. Después, lo cubrían de nuevo con pellejo, le colocaban una máscara y le añadían una peluca confeccionada con cabello humano. Además, en los primeros tiempos recubrían el cuerpo con una capa de óxido de manganeso, que les proporcionaba a las momias un color negro brillante. Más adelante, comenzaron a pintarlas usando óxido férrico, con lo que el cuerpo de color rojo pasó a contrastar con la siempre negra cabeza. No se sabe a ciencia cierta ni cómo ni cuándo comenzó esta costumbre de trastear con los muertos, aunque la falta de ajuar funerario ha hecho pensar a muchos que los primeros humanos del mundo que practicaron la momificación artificial no esperaban que los difuntos experimentasen una segunda vida después de la muerte. Quizá, tan solo querían mostrarles su respeto[3].

Pero ¿qué hay de las momias por excelencia, es decir, las procedentes del antiguo Egipto? Los hijos del Nilo se habían acostumbrado desde tiempo inmemorial a observar cómo la sequedad del desierto conservaba muy bien los cadáveres enterrados, entorpeciendo en gran medida la putrefacción. De hecho, en el Museo Británico de Londres se conserva una célebre momia, que durante mucho tiempo fue apodada como *Ginger* en atención al color de su pelo, que data de la época predinástica y que es un claro ejemplo de cómo el simple contacto con la arena seca y caliente obra milagros a la hora de preservar un cuerpo de la descomposición.

Sin embargo, cuando los civilizados egipcios comenzaron a colocar los cadáveres en ataúdes de madera dentro de tumbas, con objeto de protegerlos mejor, pronto se dieron cuenta de que la cosa no funcionaba. Por eso, y dado que creían a pies juntillas en la vida después de la muerte, desarrollaron las famosas técnicas de embalsamamiento que imitaban el proceso natural de desecación. Se trataba de procedimientos muy caros que, por descontado, solo podían permitirse las clases acomodadas, por lo que no está muy claro qué opinaban los más pobres acerca de esta sangrante discriminación a la hora de acceder a la vida en el más allá.

El proceso de embalsamamiento en la tierra del Nilo fue evolucionando con el transcurrir de los siglos, alcanzando el colmo de su perfección y eficacia durante las dinastías XVIII

---

3   Se ha apuntado a que la gran cantidad de arsénico presente en los suelos de la zona debió ser responsable de un elevado número de abortos espontáneos, algo que habría impulsado a los lugareños a intentar conservar el recuerdo de los niños.

Fotografía de *Ginger* tomada a principios del siglo XX en el Museo Británico. Fue Wallis Budge quien descubrió en una excavación las seis momias predinásticas de Gebelein.

y XIX, en pleno Imperio Nuevo. Lo que en un principio era poco más que proteger el cadáver con vendas impregnadas en resina terminó por convertirse en una operación de lo más sofisticada que requería de personal altamente especializado y que podía llegar a durar tres meses.

Lo primero de todo era lavar el cuerpo del difunto y efectuar distintas incisiones para extraer los órganos internos de la caja torácica y el vientre, mientras que el cerebro se sacaba a través de la nariz utilizando cierto tipo de gancho. Por si acaso el finado seguía precisando de sus vísceras en el otro mundo, los embalsamadores las lavaban con vino de palma y especias, y luego las colocaban cuidadosamente en una serie de recipientes, conocidos como vasos canopes, de los que había cuatro tipos, y que se suponía que estaban bajo la supervisión de dioses que protegían su contenido de la destrucción. Allí se guardaban el hígado, el estómago, los intestinos y los pulmones. Considerado como el órgano más importante, el corazón era dejado en su sitio, ya que para los hijos del Nilo integraba la esencia del individuo y era necesario para viajar hasta la eternidad. El cerebro, en cambio, se tiraba, ya que los egipcios pensaban que no servía para gran cosa. El porqué no se les ocurrió a lo largo de los siglos que un órgano que estaba tan cerca de casi todos los sentidos algo tendría que ver con la supuesta localización del alma dice mucho de lo que nuestra especie ha tardado en asimilar conceptos que ahora nos parecen de perogrullo.

El caso es que, una vez despojado de sus vísceras, el cuerpo era secado al sol y tratado con natrón (del egipcio *ntr*, «divino»), un tipo de sal[4] que se recolectaba en los alrededores de los viejos oasis del desierto. Además, se le cubría y se le rellenaba con resinas como la mirra, con aceites vegetales, con ungüentos y con cera de abejas, todo lo cual contribuía a repeler la humedad y a hacerles la pascua a las bacterias, aunque obviamente los egipcios no tenían la menor idea de

---

4   Mezcla de sales de sodio, principalmente carbonato, con otras impurezas.

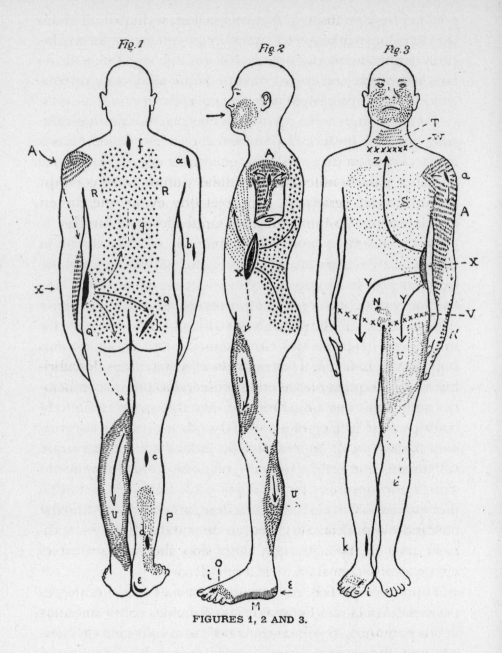

FIGURES 1, 2 AND 3.

Diagrama que ilustra la forma en la que trataban
las extremidades en el proceso de momificación los
embalsadores de la Dinastía XXI. *Contribución al estudio
de la momificación en Egipto* de G. Elliot Smith, 1906.

por qué funcionaba eso. A continuación, vendaban el cadáver y le colocaban amuletos, para finalmente proceder a colocarlo dentro de uno o varios sarcófagos, que en el caso de los faraones podían incluso ser de oro. Sometidos a este prolongado y elaborado tratamiento, los cuerpos aguantaban realmente bien, tal y como atestiguan algunas momias legendarias, como las de Ramsés II o Seti I, que han llegado hasta nuestros días en un estado más que razonable, y ello a pesar de haber pasado milenios escondidas y amontonadas en un escondrijo del desierto[5], con objeto de evitar que fuesen expoliadas por los inmisericordes saqueadores de tumbas.

Como sucedió en todos los ámbitos de su cultura, con la decadencia de la civilización egipcia la calidad del embalsamamiento declinó, pero la verdad es que siempre estuvo claro que los métodos empleados por el hombre palidecían frente a la capacidad de la naturaleza para conservar los cuerpos sin vida en determinadas circunstancias. Así, en las últimas centurias se han venido sucediendo espectaculares descubrimientos de inquietantes momias preservadas por las condiciones ambientales en un estado tan increíble que desafía toda descripción. Por ejemplo, en 1950 se descubrió en una turbera pantanosa de la península de Jutlandia, en Dinamarca, el llamado «hombre de Tollund», un cadáver magníficamente conservado que sus descubridores confundieron en un primer momento con el de un joven desaparecido al que andaba buscando la policía. Sin embargo, se trataba de un escandinavo del siglo IV a. C., que había sido ahorcado probablemente a consecuencia de algún tipo de ritual.

El hombre de Tollund, con su fantasmal rostro ennegrecido, es quizá la más famosa de las conocidas como «momias de los pantanos» o «de las ciénagas», una colección de cuerpos momificados de forma natural que se han ido encon-

---

5   En la tumba DB320 en Deir-el-Bahari, en la necrópolis de Tebas, cerca de Luxor. El traslado de las momias correspondientes a los grandes faraones del Imperio Nuevo se produjo durante el Tercer Período Intermedio, hace unos tres mil años. Fueron descubiertas a finales del siglo XIX.

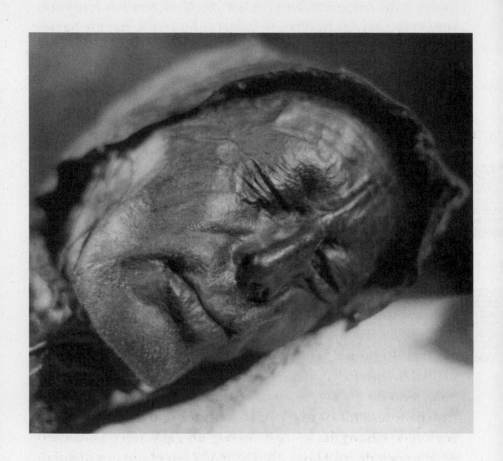

Imagen del rostro del hombre de Tollund en el que se puede apreciar como se han conservado ciertos rasgos de expresión facial.

trando en diversas zonas del norte de Europa. En las turberas de estas frías latitudes se liberan ácidos que actúan con respecto a los cadáveres como el vinagre con el escabeche. Además, carecen de drenaje, por lo que los cuerpos se mantienen durante siglos en un ambiente casi totalmente ausente de oxígeno. Sin aire, en medio ácido y a temperaturas cercanas al punto de congelación del agua, las bacterias no pueden proliferar, manteniéndose la piel y el cabello casi como si fuesen recientes, aunque muy oscurecidos. Los huesos, sin embargo, no se conservan, ya que los ácidos disuelven el fosfato de calcio, con lo que nos encontramos con restos muy diferentes a los habituales, que normalmente consisten en un esqueleto destartalado y poco más.

Algo parecido, aunque todavía más impresionante, sucede en el caso del llamado «hombre de Cherchen» encontrado en China, en el desierto de Taklamakán, cerca del lago de Lop Nor, que a pesar de estar datado en el año 1000 a. C. parece literalmente que hubiese sido enterrado ayer. En esta ocasión, fue la extrema salinidad del terreno lo que impidió la descomposición de un cuerpo que, a diferencia del «hombre de Tollund», mantiene casi intacto su color original.

Pero, a pesar de todo esto, la momia que ostenta el merecido título de ser la mejor conservada de la antigüedad es artificial, aunque no fue obra de las gentes de la ribera del Nilo, sino de los artesanos del Celeste Imperio. En 1971, los trabajadores chinos que cavaban un refugio antiaéreo en la región de Changsha se toparon con un gigantesco mausoleo de la época de los Han (190-168 a. C.), en el que los arqueólogos encontraron los restos del gobernador de Dai y de los miembros de su familia. El recinto estaba repleto de hermosos objetos que delataban la privilegiada posición social de sus ocupantes y que ampliaban nuestros conocimientos sobre la dinastía de los Han de una forma totalmente inesperada. Pero nada llamó más la atención de los investigadores que la extraordinaria tumba de Xin Zhui, la esposa del gobernador.

A doce metros de profundidad, dentro del último de cuatro ataúdes rectangulares de madera sellados con laca, colocados uno dentro de otro a la manera de las muñecas rusas y enterrados bajo varias capas de carbón y de arcilla blanca, se encontraba el cuerpo embalsamado de la dama Dai, envuelto en veinte capas de tejido unidas por cintas de seda. Pero lo que allí había no era un esqueleto, ni siquiera una momia normal. Se trataba de un fantasmal cadáver que mantenía la piel elástica y húmeda, con músculos casi intactos que permitían flexionar los brazos y las piernas por las articulaciones, así como... ¡con abundantes restos de sangre todavía en las venas!

Tan increíble era el estado de conservación de Xin Zhui que fue posible hacerle la autopsia. Se comprobó con asombro que el estado de su cuerpo se correspondía casi con el de una persona que acabara de morir. Todos sus órganos estaban virtualmente intactos, incluso se encontraron semillas de melón dentro de su aparato digestivo. A raíz de las pruebas, los forenses descubrieron que la acaudalada mujer había fallecido a los cincuenta años como consecuencia de un ataque al corazón, que sufría del hígado, de diabetes, de hipertensión, de obesidad, de cálculos biliares, y que tenía un elevado nivel de colesterol[6].

¿Cómo pudieron los antiguos chinos conseguir un grado de conservación semejante, muy superior a lo mejor que llegaron a ofrecer los mismísimos egipcios? Además del envoltorio de seda, el cuerpo había estado sumergido en una misteriosa disolución que contenía magnesio, ligeramente ácida y probablemente capaz de esterilizar en parte la piel y las mucosas del cadáver, aunque es improbable que por sí sola pudiese mantener el cuerpo sin pudrirse durante

---

6   El hecho de que la gente de esa edad, incluso en el estrato más alto de la sociedad, se encontrase en un estado de deterioro físico similar al de una persona actual de setenta u ochenta años, dice mucho del progreso que ha experimentado nuestra especie a la hora de mejorar la salud y las condiciones de vida humanas.

tanto tiempo. Pero los ataúdes habían sido colocados en una bóveda en forma de embudo forrada de arcilla, rodeados de cinco toneladas de carbón que absorbían la humedad. Además, la tumba se encontraba doce metros bajo tierra, recubierta de más de medio metro de arcilla y capas adicionales de tierra apisonada. De esta forma, mientras que el cuerpo permanecía hidratado, ni el aire ni el agua podían filtrarse desde el exterior. Quizá por ello, las bacterias capaces de soportar la disolución salina no habían sobrevivido mucho tiempo a la falta de oxígeno y, por tanto, el cuerpo se mantuvo prácticamente intacto durante milenios.

El descubrimiento de la momia de Xin Zhui, uno de los más importantes hallazgos arqueológicos de todo el siglo XX, no solo enseñó al mundo que también los antiguos chinos sabían conservar cadáveres, sino que ha servido para mejorar lo que sabemos acerca de cómo cuidar las momias. Por ejemplo, en 2003 los científicos introdujeron una solución especial en los vasos sanguíneos de la dama Dai con objeto de ayudar a preservarla, y desde entonces continúan con sus experimentos. Con el tiempo, los arqueólogos han encontrado otros cuerpos de la misma época conservados de la misma forma y con los mismos métodos, con resultados igual de impresionantes. De este modo, y por extraño que pueda parecer, hoy varias de las investigaciones más relevantes acerca de la conservación de los cadáveres se centran en averiguar cómo las técnicas utilizadas en la antigua China de los Han pudieron garantizar que algunos ricos dignatarios y sus familias llegaran a acercarse tanto a su propio concepto de la inmortalidad.

En otro orden de cosas, al menos desde principios de la Edad Media comenzaron a circular por todo Occidente rumores acerca de la incorruptibilidad de determinados cadáveres de personas que en vida fueron extremadamente piadosas. De acuerdo con estas historias, cuerpos exhumados por distintas razones años después de la muerte mostraban un estado de conservación asombroso sin haber sido

Rosalía Lombardo, apodada «La Bella Durmiente», falleció con apenas dos años de edad a consecuencia de una neumonía. Su buen estado de conservación sobrecoge.

objeto de tratamiento alguno de momificación. En algunos casos, el extraño comportamiento de los restos venía acompañado de manifestaciones sensoriales como el célebre «olor de santidad», un perfume agradable y suave que exudaba del cadáver o que emanaba del sepulcro donde yacían las reliquias. También se referían casos en los que los cuerpos permanecían flexibles, al modo de la «dama Dai», e incluso casos en los que sangraban[7]. Ni que decir tiene que semejantes propiedades eran atribuidas a la milagrosa intervención de Dios, que mostraba su poder infinito a través de la conservación, de otro modo inexplicable, de los restos de sus más distinguidos seguidores.

Con el tiempo, la Iglesia católica, que estaba interesada en el culto a los santos como medio para extender la fe, empezó a aceptar la incorruptibilidad como un hecho milagroso y ocasionó una auténtica proliferación de supuestos cadáveres incorruptos, pues cualquier iglesia medieval que se preciase se esforzaba por contar al menos con una de estas reliquias sagradas. La tradición se ha perpetuado a través de los siglos, siendo hoy todavía bastante significativo el número de cadáveres de beatos y de santos cuyos aparentemente bien conservados restos son expuestos a la devoción del público. En el siglo XVIII, y tal vez para poner un poco de orden en tan espinoso asunto, el papa Benedicto XIV escribió una importante obra sobre beatificación y canonización en la que precisaba cuales debían ser las condiciones en las que un cuerpo «incorrupto» debía ser calificado de milagroso[8], insistiendo en que el cadáver no debía haber sido objeto de manipulación. A pesar de lo cual, muchos de los ejemplares

---

7   Este tipo de fenómenos pudieron deberse a bacterias como la *Serratia marcescens*, productora de la prodigiosina, un pigmento natural de color parecido a la sangre al que se atribuyen muchos supuestos milagros relacionados con la transubstanciación.

8   *De servorum Dei beatificatione et beatorum canonizatione*, concretamente en el capítulo «*De cadaverum incorruptione*». Los signos de santidad incluyen olor dulce, flexibilidad y órganos frescos.

de mejor apariencia están en realidad recubiertos de una buena capa de cera.

¿Son verdaderamente milagrosos algunos casos de santos o beatos aparentemente en buen estado de conservación? El hecho de que la incorruptibilidad solo afecte a una pequeña proporción de santos y se dé también en el contexto de otras religiones, como la budista, nos dice que parece poco probable la intervención directa de Dios. Por lo demás, la misma Iglesia, que ve con buenos ojos la presencia de tan peculiares reliquias, nunca ha mostrado el mismo aprecio por las procedentes de culturas paganas. Por ejemplo, las malas lenguas atribuyen al papa Inocencio VIII el haber hecho desaparecer el cadáver aparentemente incorrupto de una joven patricia romana que había sido encontrada en 1485 dentro de un ataúd de marfil a las afueras de la Ciudad Eterna, seguramente pensando que en este caso el sorprendente estado de conservación tenía que ser obra del diablo[9].

En realidad, un análisis detallado siempre muestra que la mayoría de los cuerpos supuestamente incorruptos no están realmente en muy buen estado, siendo básicamente cadáveres momificados por causas naturales o por algún procedimiento artificial. Este último es el caso de casi todos los ejemplares mejor conservados, como el del papa Juan XXIII, que se muestra al público en la basílica de San Pedro de Roma y al que hace décadas se le inyectaron diez litros de un líquido especial para embalsamar. También el de santa Margarita de Cortona, al que desde hace siglos se creía incorrupto por razones sobrenaturales, hasta que se descubrió que en realidad había sido sometido desde el principio a un sofisticado proceso de embalsamamiento a petición del pueblo.

Por otra parte, y al margen de la congelación o de la momificación, existen otros mecanismos naturales que en ciertas

---

9   De acuerdo con el estudioso renacentista Bartolomeo Fonzio, el cuerpo era de gran belleza y atractivo. Estaba recubierto de un misterioso ungüento que, según otros autores, estaba compuesto de «mirra, incienso, aloe y otras sustancias de gran valor».

condiciones permiten un sorprendente estado de conservación, incluyendo la saponificación y la corificación. En el primer caso, la grasa de un cadáver sepultado en un terreno muy húmedo puede transformarse de forma espontánea en un compuesto céreo similar al jabón, que forma una coraza untuosa que rodea el cuerpo y que cuando se seca al aire se vuelve más consistente, adquiriendo una tonalidad blanco-grisácea como la que puede observarse en algunos cadáveres aparentemente muy bien conservados. En cuanto a la corificación, se trata de un proceso que se produce dentro de los ataúdes cerrados herméticamente por soldadura, en los que la putrefacción se detiene, una vez más, por carencia de oxígeno. En ellos, la piel del cadáver se vuelve de color grisáceo, asemejándose al cuero en su aspecto y en su textura.

En los últimos siglos, y gracias sobre todo al descubrimiento de la circulación de la sangre, el desarrollo de las técnicas de conservación y embalsamamiento ha experimentado un impulso como no se había conocido desde los tiempos de los egipcios y de la China de los Han. Bien es verdad que la preservación de los cadáveres ya no tiene por objeto conservar los restos del difunto para su vida en el más allá, entre otras cosas porque las grandes religiones monoteístas ven la inmortalidad como algo inherente al alma, y no al cuerpo, sino por razones científicas y, sobre todo, para satisfacer deseos que tienen un trasfondo político o sentimental.

Al primer caso pertenece la famosa momia de Lenin, expuesta desde 1924 en un mausoleo en la Plaza Roja de Moscú, después de que el dictador soviético Stalin ordenase embalsamar al célebre líder tras su fallecimiento, con objeto de exhibirlo como un símbolo para el proletariado[10]. De hecho, se llegó a crear un «Comité para la Inmortalización»

---

10 Tras su muerte, Stalin también fue embalsamado. Su cuerpo acompañó al de Lenin hasta 1961, cuando fue enterrado en el exterior de la muralla del Kremlin. El mausoleo ha sufrido varios atentados a lo largo de su historia, razón por la cual el cuerpo de Lenin se conserva dentro de un sarcófago a prueba de balas.

Una de las momias infantiles conservadas en las catacumbas funerarias de los capuchinos en Palermo, Italia.

del carismático revolucionario, considerándose la idea, finalmente desechada, de congelar su cuerpo con vistas a poder resucitarlo en el futuro. Se trata sin duda alguna del cadáver más mimado de la historia, pues cuenta con un pequeño equipo de científicos dedicado en exclusiva a su conservación, que pasa por un completo tratamiento cada dos años y en el transcurso del cual los restos son tratados con una serie de productos químicos que mantienen su aspecto casi como si estuviese vivo. Aunque, a decir verdad, los embalsamadores hicieron algo de trampa, ya que el finado fue previamente despojado de sus órganos internos, incluido el cerebro, que fue extraído en su día con objeto de estudiarlo para averiguar las razones de la «genialidad» de su antiguo propietario.

No obstante, y aunque durante las últimas décadas el cuerpo no ha experimentado un deterioro significativo (se estropea más rápido el traje con el que está vestido que los propios tejidos del cadáver), para evitar que el paso del tiempo empezase a afectar a la momia en 2016 el gobierno ruso aprobó un presupuesto especial de trece millones de rublos (cerca de 200.000 €), con objeto de contratar a un nuevo proveedor que llevase a cabo los «trabajos médicos y biológicos» precisos. En los últimos tiempos se han alzado muchas voces que reclaman que se abandone semejante esfuerzo de conservación y que el cadáver sea enterrado o incinerado, pero la decisión ha sido siempre pospuesta *sine die* para evitar herir susceptibilidades. En cualquier caso, a los especialistas del Centro de Tecnologías Médico-Biológicas del Instituto de Plantas Medicinales y Aromáticas de Rusia, encargados del mantenimiento del cuerpo, no les va a faltar trabajo, no en vano en su día recibieron encargos para embalsamar los cadáveres del presidente vietnamita Ho Chi Minh, del venezolano Hugo Chávez, del líder búlgaro Gueorgui Dimitrov y de los norcoreanos Kim Il-sung y Kim Jong-il.

Otro ilustre cadáver preservado por razones de culto a la personalidad fue el de Eva Duarte, que ahora reposa lejos de

Cefalópodo conservado en formol.

la vista del público tras un rocambolesco viaje por siete países y dos continentes, consecuencia de las tribulaciones políticas de su patria, Argentina. Encargado de la conservación del cuerpo por parte del general Perón, el español Pedro Ara lo sometió a una buena colección de tratamientos químicos, con objeto de garantizar que el cuerpo de la carismática Evita no pudiese ser arruinado por el paso del tiempo. El proceso duró cerca de un año y le costó al gobierno argentino el equivalente de más de 100.000 euros, pero todos los que lo vieron insistían en que la apariencia de su dueña era francamente impresionante.

En cuanto a la motivación sentimental, quizá el cadáver más asombroso que se conserva en el mundo es el de Rosalía Lombardo, una niña siciliana que falleció de neumonía con tan solo dos años y a la que su adinerado padre mandó embalsamar. El trabajo fue encargado a Alfredo Salafia, un químico que era al mismo tiempo un auténtico maestro del embalsamamiento y la taxidermia, tras cuyas manipulaciones el cuerpo de la pequeña fue enviado a las catacumbas de los Capuchinos, en Palermo, donde reposa en una diminuta urna. El cadáver de Rosalía se encuentra en un estado de conservación asombroso, con los órganos internos prácticamente intactos. Para ello, parece ser que Salafia sustituyó la sangre de la niña por una mezcla de formaldehido y metanol que esterilizó el interior del cuerpo, además de utilizar alcohol, glicerina, sales de zinc y ácido salicílico. El químico italiano llegó a ser uno de los artesanos del ramo más reputados de la historia, habiéndose encargado, entre otros, del embalsamamiento de un primer ministro, un senador y un cardenal, todos ellos conservados de forma primorosa.

La sustitución de la sangre por una sustancia que actúe de conservante es el método moderno más extendido a la hora de preservar un cadáver, radicando la importancia de ello en la posibilidad de aprovechar todo el sistema de arterias y capilares para llegar hasta el último rincón del cuerpo. Al añadir a eso la esterilización de la piel y de las mucosas, así como la aniquilación de las bacterias que proliferan en el tubo digestivo, el deterioro del cuerpo se dificulta en gran medida, porque a los microorganismos que se encargan de la descomposición les cuesta mucho el poder actuar. Así, en un laboratorio moderno tanto los vasos sanguíneos como la vejiga y los intestinos son aspirados por medio de bombas, inyectándose a continuación la mezcla conservante, que puede ser de composición variada pero que suele incluir, entre otras sustancias, formol, ácido fénico, glicerina, alcohol y agua[11].

De hecho, fue el descubrimiento del formol en 1867 por parte del químico alemán August Wilhelm von Hofmann lo que dio el pistoletazo de salida a las elaboradas prácticas de embalsamamiento moderno, pues las extraordinarias propiedades conservantes de esta sustancia hicieron que todos los laboratorios del mundo se llenaran de frascos con restos orgánicos preservados en él. Al mismo tiempo, el formol sustituyó rápidamente a las disoluciones de arsénico como sustancia preferida de los maestros en la preservación de los cuerpos sin vida. Sin embargo, la práctica de la conservación provisional y sistemática a gran escala de todos los cadáveres no se generalizó hasta la Guerra Civil norteamericana (1861-1865), cuando se inició la costumbre de devolver a sus familiares los restos de los muertos en las batallas.

Hoy en día, la preservación de los cadáveres durante el tiempo necesario para oficiar las ceremonias previas a su entierro o incineración es una práctica casi universal, pero rara vez se extiende en el tiempo más allá de lo estrictamente imprescindible. Al margen de los tratamientos destinados a estudios científicos, el embalsamamiento de «largo recorrido» solamente se emplea, tal y como hemos visto, casi exclusivamente en casos muy concretos de culto a la personalidad.

---

11   Se vienen a emplear unos cuatro litros por cada veintitrés kilogramos de peso.

Imagen del rodaje de *La momia* en 1932.

Y es que en la actualidad, y a pesar de las fantasías construidas por la ficción cinematográfica desde Boris Karloff
(*The mummy*, 1932) hasta *The mummy returns* (2001), todos
estamos de acuerdo en que, una vez muerto, un cuerpo sin
vida no sirve prácticamente para nada, pues no hay fuerza
conocida en el mundo capaz de volver a poner en marcha

la miríada de pequeñas máquinas moleculares que lo componen y que, una vez detenidas, se deterioran inexorablemente, haciendo inútil cualquier esfuerzo para que el organismo pueda volver a funcionar. Una visión muy distinta de la de aquellos antiguos ancestros del Imperio celeste y de la ribera del Nilo que intentaban preparar a sus ilustres difuntos un envoltorio para toda la eternidad.

El secreto de los zombis y el alimento de Drácula

Mira lo que tu Dios ha hecho de mí.
Drácula, de Bram Stoker
(1847-1912), escritor irlandés.

Con la llegada del mundo grecorromano y la extinción de la antigua cultura egipcia, la creencia en la vida después de la muerte, entendida esta no como la resurrección del espíritu sino como la del propio cuerpo, cayó en un cierto desuso, aunque siempre hubo supersticiones que atribuían a poderes normalmente demoníacos la posibilidad de resucitar a los cadáveres en determinadas circunstancias. Así, algunos escritores medievales han documentado la práctica de quemar o mutilar los cuerpos de personas a las que se consideraba malvadas o con cuentas pendientes, por el temor a que se levantasen de sus tumbas y se pusiesen a incordiar. Varios descubrimientos arqueológicos en las islas británicas y en otros lugares parecen sustentar la realidad de esta tradición, que probablemente sirvió de inspiración a historias como la fábula de los tres vivos y los tres muertos, en la que tres personajes acomodados se encuentran con otros tantos cadáveres parlantes que les recuerdan la fugacidad de la vida, e incluso en algunas versiones llegan a amenazarles y perseguirles[12].

Pero al margen de este y otros antecedentes, la tradición moderna de los muertos vivientes está íntimamente ligada a la cultura urbana norteamericana, con su auténtica avalancha de películas, revistas y videojuegos, que llevan décadas haciendo las delicias de los amantes del terror y la casquería. Sin embargo, la verdad es que los estadounidenses importaron el concepto de Haití, isla que ocuparon entre 1915 y 1934. De hecho, la primera película que se centra en el tema, *White zombie*, es de 1932 y narra una historia ambientada en la isla de los esclavos, basándose a su vez en *The magic island*, un libro de viajes del periodista y ocultista William Seabrook publicado tres años antes.

Ilustración que acompaña al relato de la quema de una mujer en 1531 acusada de haber incendiado la ciudad alemana de Schiltach con ayuda del Demonio.

---

12   Esta fábula, extendida por toda Europa Occidental, tiene multitud de versiones, en alguna de las cuales los muertos no resucitan. En todas ellas, tras el inquietante encuentro los tres vivos (normalmente reyes o miembros de las clases sociales más altas) cambian su actitud hedonista ante la vida, y a partir de entonces se dedican a cuidar de su espíritu.

Seabrook era un tipo muy raro que, entre otras extrañas aventuras, afirmaba haber probado la carne humana en África, después de cocinársela él mismo. Era aficionado al ocultismo y amigo del inglés Aleister Crowley, definido tanto por sí mismo como por la prensa como «el hombre más malvado del mundo». Al igual que otros muchos viajeros procedentes del continente, Seabrook se había topado en Haití con el vudú, práctica religiosa local que no es sino una variante de las viejas religiones animistas que predominaban en el golfo de Guinea cuando los traficantes de esclavos empezaron a llevarse al Caribe a cientos de miles de personas para trabajar de balde en las plantaciones. En Haití, estas creencias importadas se mezclaron con el cristianismo y dieron lugar a una extraña síntesis en la que, entre otras supersticiones, los sacerdotes (*houngans*) son capaces de ponerse directamente en contacto con unos seres sobrenaturales (*loas*), lo que les proporciona un enorme poder. A veces, algunos de estos *houngans* deciden usar sus fuerzas para hacer el mal, transformándose en brujos (*bokor*). Entre las habilidades de estos hechiceros, la tradición les atribuye la de robar el alma de sus víctimas y convertirlas en esclavos carentes de voluntad propia, a merced de los caprichos del *bokor* de turno.

Como vemos, en un principio la idea del zombi[13] no era exactamente la de un muerto viviente, sino más bien la de un individuo sujeto a una especie de sugestión hipnótica, o incluso la de un fantasma (en una de las primeras menciones escritas del concepto, en la novela de Pierre-Corneille de Blessebois, *Le Zombi du Grand Pérou ou La comtesse de Cocagne*, publicada en 1697, el zombi es un espíritu incorpóreo), pero cuando los esclavos se rebelaron en 1791 y posteriormente proclamaron su independencia en 1804, provocaron una

---

13 El término zombi (o zombie) procede del haitiano *zonbie* que, a su vez, probablemente tiene su origen en alguna de las palabras que en las lenguas del África Occidental están relacionadas con los conceptos de espíritu, cadáver, demonio o cuerpo sin alma, y que acaban con las letras -*mbi* (*ndzumbi, mvumbi, nvumbi, nsumbi*, etc.).

Cartel promocional de *White zombie*, 1932.

reacción negativa en el Gobierno y en la opinión pública norteamericanas, que pronto desembocó en que circulasen innumerables historias de canibalismo, sacrificios humanos y toda suerte de prácticas infernales. Así, durante la ocupación de principios del siglo XX, la idea de que los zombis eran auténticos cadáveres resucitados por los poderes malignos de los sacerdotes vudú se extendió rápidamente entre los norteamericanos y dio lugar al fenómeno cultural que ha llegado hasta nuestros días.

Pero ¿qué dice la ciencia acerca de los zombis? ¿Hay alguna razón objetiva por la que personas de distintas culturas pudiesen llegar a creer que los muertos son realmente capaces de levantarse de sus tumbas? Desde el esclarecimiento de las leyes de la termodinámica en el siglo XIX, quedó meridianamente claro que un cadáver no puede echarse a caminar así como así, y los avances de la bioquímica en el siglo XX no han hecho sino confirmarlo. Todo movimiento requiere un consumo energético que, en el caso de los seres vivos, ya sean paramecios o humanos, se produce a través de una molécula de empleo universal conocida como ATP (siglas de adenosín trifosfato), que funciona como un «intercambiador de energía» para las células. Al morir un organismo, su metabolismo se detiene y deja de fabricar ATP, de modo que las estructuras que todavía no se han descompuesto (en muchos casos a los zombis les faltan varios músculos fundamentales o los tienen muy deteriorados) carecen de suministro de energía.

Sin embargo, existen unos cuantos mecanismos que pueden engañar a los incautos, tal y como demuestra el hecho de que en 1864 el Gobierno haitiano de turno tuviese que contemplar en un artículo del código penal del país (artículo 246) el envenenamiento con sustancias capaces de provocar «un estado de letargo más o menos prolongado», pasando además a considerar como asesinato el eventual enterramiento de la persona drogada.

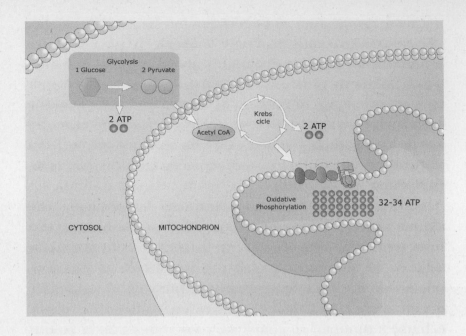

La respiración a nivel celular consiste en un conjunto de reacciones metabólicas por el que se obtiene energía a partir de nutrientes.

Una de estas sustancias sería el estramonio (*Datura stramonium*), una planta también conocida en Haití como «el pepino zombi», ya que, por extraño que pueda parecer, está emparentada con deliciosos manjares como el tomate, el pimiento, la patata o la berenjena. En su caso, se trata de un vegetal de lo más peligroso (sobre todo sus semillas), que ha sido utilizado desde tiempo inmemorial por brujos y chamanes de todo el mundo para aprovechar sus propiedades alucinógenas. Bajo sus efectos, una persona puede entrar en un estado de delirio permanente que llega a durar horas e incluso días, cosa nada rara, ya que contiene varios alcaloides extremadamente tóxicos, tales como la hiosciamina, la atropina y la escopolamina[14].

---

14 «La nueva burundanga», una mezcla de escopolamina con depresores del sistema nervioso central, es hoy en día una importante fuente de intoxicaciones graves en algunos países de Iberoamérica, donde se la utiliza con fines delictivos, ya que produce un cuadro de amnesia y apatía.

Una segunda sustancia a la que, a raíz de las investigaciones del antropólogo canadiense Wade Davis, se le atribuyó la «zombificación» durante algún tiempo fue la tetrodotoxina, el célebre veneno responsable de las intoxicaciones por consumo de *fugu*, ese plato japonés preparado con la carne del pez globo que solo debe ser cocinado por chefs especialmente entrenados. El globo es un tipo de pez tropical (en realidad es toda una familia de especies), por lo que es de fácil acceso en las Antillas. La tetrodotoxina paraliza a sus víctimas hasta el punto de poder provocar la muerte por asfixia, pero las mantiene conscientes debido a que no atraviesa la barrera hematoencefálica. Sin embargo, por lo general se la descarta como candidato a ser una de las «drogas zombi», ya que sus efectos no son demasiado compatibles con lo que se espera de una persona en ese estado y, además, nunca se han encontrado restos significativos de ella en las muestras de pócimas que se han obtenido en la isla, muestras que por otra parte es probable que sean falsas.

El estramonio, la tetrodotoxina y otras drogas parecidas son sustancias neurotóxicas que sin duda pueden provocar muchos de los síntomas que se le atribuyen a un zombi, pero la verdad es que no hace falta recurrir a los venenos para explicar semejante condición. De hecho, varios trastornos mentales, incluyendo la esquizofrenia catatónica, la amnesia y ciertas psicosis, son capaces de dar buena cuenta del «comportamiento zombi», e incluso hay enfermedades como la rabia que podrían explicar el supuesto talante agresivo de los teóricos muertos vivientes. Por otra parte, la catalepsia, ese trastorno en el que el cuerpo permanece paralizado y aparentemente sin vida, ha dado lugar a lo largo de los tiempos a espeluznantes historias de personas enterradas vivas que han despertado dentro del ataúd. Tal es el terror que llegó a infundir esta posibilidad que a finales del siglo XIX eran muy populares en Occidente los llamados «ataúdes de seguridad», equipados con campanas, lámparas y banderines, que se activaban en el caso de detectarse movimientos en el interior, de modo que el desdichado inquilino pudiese ser rescatado.

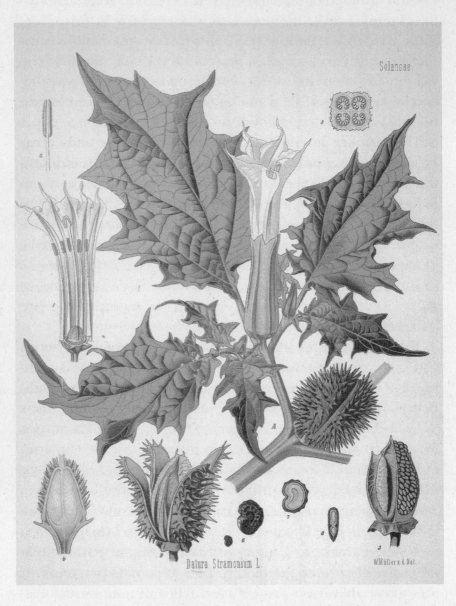

Solaneae.

Datura Stramonium L.

El estramonio se caracteriza, entre otras cosas, por tener
un olor desagradable. Posee propiedades alucinógenas, por
lo que ha sido usada en pociones y rituales espirituales.

Por descontado, es muy posible que tanto las drogas como los trastornos mentales estuviesen detrás de los dos casos más famosos de «zombificación» que registra la historia, el de Felicia Félix-Mentor y el de Clairvius Narcisse, ambos sucedidos en Haití, como no podía ser de otra manera. Narcisse, aparentemente fallecido en 1962, fue encontrado casi dieciocho años después deambulando semidesnudo y en estado de *shock* cerca de su pueblo natal. Una vez se hubo recuperado, el pobre hombre denunció que muchos años atrás había sido envenenado e inhumado, tras lo cual fue desenterrado y drogado con estramonio para que trabajase como esclavo en la plantación de un *bokor*. Según Narcisse, todo había sido orquestado por un hermano suyo por causa de una disputa familiar; razón por la cual, tras escapar de la plantación cuando el *bokor* fue asesinado por otro «zombi», se mantuvo ausente durante casi dos décadas hasta que su pariente hubo fallecido, una decisión que parece prudente teniendo en cuenta cómo se las gastaba su hermano.

Felicia, por su parte, fue una mujer que había muerto en 1907 por causas naturales a la que se creyó reconocer veintinueve años después en la persona de una anciana desaliñada y de aspecto inquietante que apareció rondando por una antigua finca de la familia. El caso se hizo famoso a nivel internacional gracias a la escritora Zora Neale Hurston, quien lo defendió como auténtico en su libro de 1938, *Tell my horse*. Sin embargo, las pruebas realizadas sobre la supuesta zombi mostraron que carecía de la fractura en la pierna que había sufrido Felicia y que, en realidad, era mucho más joven de lo que parecía, lo que imposibilitaba que se tratase de la fallecida. El examen psicológico presentó a una persona con una grave alteración psiquiátrica, fruto de una esquizofrenia, o puede que del consumo de sustancias neurotóxicas.

Pero si las historias de los zombis haitianos no son sino cuestión de drogas, esclavitud y trastornos mentales, ¿cuál es la postura de los científicos sobre los vampiros, esos otros

The Baital disappeared through the darkness *(p. 195)*.
(Frontispiece.)

Baital o vetal desapareciendo en la oscuridad.
Ilustración del libro *Vikram and Vampire or Tales of Hindu* de Richard Burton publicado en 1870.

engendros del averno que están entre la vida y la muerte y que se alimentan de sangre humana?

La creencia en la existencia de los «no muertos» es tan vieja como la propia humanidad. Hay descripciones de este tipo de figuras demoníacas en el folclore de muchas de las culturas antiguas del planeta, desde Egipto hasta Sudamérica: en China se les conocía como los *jiang shi* (aunque en este caso se trataba más de zombis que de vampiros); en la India como los *vetala*; entre los árabes como los *ghul*; en Rumanía eran los *strigoi*; y hasta en Escandinavia tenían su propia versión de estos fantasmas, los *draugr*. Durante la Edad Media, la superstición llegó a estar tan extendida por Europa que la ley sálica de los francos... ¡castigaba con multas a los vampiros!

Quizá, el mito del «no muerto» no sea más que una asociación entre las propiedades mágicas atribuidas a la sangre como fuente de vida y el poder de los demonios, seres siniestros que acechan a la humanidad y que son en gran medida responsables de sus males. De hecho, las razones por las que alguien podía convertirse en vampiro tenían tanto que ver con acontecimientos negativos como con la religión. Así, los vampiros podían ser criminales o personas con una predisposición congénita o que habían sufrido muertes prematuras o violentas, pero también gente que había cometido sacrilegios o en cuyo enterramiento no se habían seguido los rituales correctos. El componente religioso del vampiro se ponía de manifiesto en su intolerancia a los símbolos sagrados, tales como cruces, agua bendita, lugares consagrados, etc.

En cualquier caso, la imagen que hoy tenemos de estos seres es la del moderno «vampiro eslavo» —no en vano la palabra vampiro procede de la voz eslava *wampir*—, más concretamente de Transilvania, flaco, pálido y de largos colmillos, dotado de una fuerza sobrehumana y con un aspecto físico impecable, que no muestra signo de descomposición alguna. Sin embargo, a pesar de ser la más popular, esta descripción está lejos de ser universal, pues entre algunos pue-

W. W: inuen. W. excud. Jo: Koch del: And. Trost sculp: Wagenpurgi in Carniolia

Ilustración de *Theatrum mortis humanae tripartitum*
de Valvasor publicado en 1682.

blos eslavos los vampiros son seres más bien rechonchos y, por si no fuesen ya lo suficientemente feos, en sitios como en Bulgaria se les atribuye un solo orificio nasal. De igual modo, aunque por lo general se cree que llevan fatal la luz solar, en muchos lugares de Europa del Este se dice que pueden viajar sin problemas e incluso llevar una vida normal. La forma de combatirlos también es muy variada, así como los amuletos y otros objetos que sirven para protegerse de ellos. Por otra parte, algunas de las características que habitualmente se les atribuyen son muy recientes, como es el caso de la famosa capa con la que van ataviados y que en realidad popularizó el actor Bela Lugosi con sus interpretaciones del conde Drácula en los años veinte y treinta del siglo XX.

El primer vampiro moderno documentado es Jure Grando Alilović, un personaje que vivió en la localidad de Kringa, en la península de Istria, a caballo entre los siglos XVI y XVII, y acerca del cual escribió el escritor esloveno Janez Vajkard Valvasor. Según la leyenda, Jure se tiró la friolera de dieciséis años aterrorizando al pueblo, hasta que finalmente su cadáver fue decapitado. Pero la razón por la que los vampiros «modernos» están asociados con el Sudeste europeo tiene más bien su origen en la preocupación surgida a principios del siglo XVIII en el seno del Imperio austrohúngaro, en el sentido de que estas criaturas del infierno podrían ser de verdad. En lo que fue un buen ejemplo de histeria colectiva, durante las décadas de 1720 y 1730 se produjo en la recién anexionada Serbia un buen número de muertes que fueron achacadas al vampirismo, incluyendo los famosos casos Paole y Blagojevich, en los que los crédulos médicos del ejército imperial llegaron a asegurar haber encontrado cuerpos en «*condición vampírica*» (sea lo que sea semejante cosa). Por supuesto, tal declaración se debió sin duda a los deficientes conocimientos acerca del proceso de descomposición de los cadáveres que tenían los galenos de la época, pero tanto los testimonios de los testigos como la documentación sobre el asunto fueron ampliamente difundidos y causaron un gran impacto tanto en círculos intelectuales como, en general, en la opinión pública europea.

A raíz de los sucesos de Serbia, la leyenda moderna del vampiro se extendió por Occidente y fue popularizada en célebres obras literarias, como el poema narrativo *Lenore*, escrito en 1773 por Gottfried August Bürger, o la novela *The Vampyre*, publicado en 1819 por John William Polidori, y ello a pesar de que a lo largo del Siglo de las Luces, y después de algunos titubeos, la creencia terminó por ser tachada de superstición infumable por parte de los intelectuales de la época. Durante el siglo XIX, el mito del vampiro no solo siguió siendo un tema literario recurrente, sino que llegó a convertirse en un negocio para los fabricantes de estuches, que preparaban auténticos «kit antivampiros», que incluían la parafernalia necesaria para destruir al monstruo —crucifijo, frasco de agua bendita, estaca o puñal, etc.— y que hacían su agosto entre los viajeros que visitaban Europa del Este.

Sin embargo, con el tiempo el interés por la posible existencia de casos reales decayó. De hecho, y dejando al margen leyendas urbanas de poca monta[15], el último caso célebre que registra la historia del vampirismo data de 1892 y tuvo lugar en Nueva Inglaterra, cuando el cadáver de la joven Mercy Brown fue exhumado y su corazón fue extraído y quemado ante la sospecha de que se había convertido en un vampiro (una vampiresa, en este caso).

Ahora bien, al igual que sucede en el caso de los zombis, los descubrimientos en bioquímica y medicina han desvelado la existencia de varios mecanismos que pueden explicar la obsesión de la gente con los vampiros. En primer lugar, hay que decir que el vampirismo, entendido como trastorno mental que lleva al paciente a excitarse sexualmente con

---

15   A finales de los años sesenta del siglo XX, en el suburbio londinense de Highgate corrió el rumor de que un vampiro deambulaba por el cementerio. Se llegó a organizar una cacería en toda regla, con el concurso de ocultistas y «cazadores de vampiros» (sin que conste la descripción de semejante oficio), durante la noche del 13 de marzo de 1970.

la sangre humana, es bastante raro, pero se da en la realidad, y quizá pueda explicar algún caso famoso como el de la condesa húngara Erzsébet Báthory, apodada la Condesa Sangrienta, quien, a partir de 1604, y para no perder su hermosura, asesinó a cientos de doncellas vírgenes, a las que torturaba y desangraba para después, según la leyenda, bañarse en su sangre[16].

Pese a la brutalidad de sus actos, su condición de noble le libró de la decapitación y fue condenada a cadena perpetua. Murió cuatro años después de ser encerrada en la mayor de las oscuridades.

En segundo lugar, puede que no fuese casualidad que la histeria de comienzos del siglo XVIII viniese precedida de las graves epidemias de peste que asolaron Europa a fina-

---

16 El caso de la Condesa Sangrienta está mucho más cerca de lo que consideramos un «comportamiento vampírico» que el de Vlad el Empalador, el príncipe de Valaquia, que inspiró al escritor Bram Stoker para el personaje de Drácula y que, a fin de cuentas, no era más que uno de los muchos gobernantes que durante el siglo XV empleaban el terror como método para mantener a raya a sus enemigos.

La creencia de que Vlad Tepes, conocido también como Vlad el empalador, padecía porfiria aguda pudo dar origen a la leyenda de que los vampiros eran alérgicos a la luz solar.

les del siglo anterior y que se cobraron decenas de miles de vidas. Debido a que los fallecidos eran inhumados rápidamente para evitar el contagio, es casi seguro que muchos de ellos fueron enterrados vivos cuando aún agonizaban, lo que pudo dar origen a escenas truculentas que con el tiempo alimentaron la leyenda de la existencia de cadáveres incorruptos de expresión aterradora o, incluso, de muertos que habían escapado de sus tumbas.

Más allá de estas explicaciones, hay varias enfermedades que provocan síntomas más o menos cercanos a la idea que se tiene de un vampiro: la anemia, por ejemplo, puede hacer que los enfermos muestren una acusada palidez; la esquizofrenia puede provocar que una persona salga de su casa por la noche a deambular sin rumbo y mostrando un comportamiento incomprensible; y la rabia produce agresividad y fotofobia. De igual modo, los cadáveres de personas que fallecen como consecuencia de una epidemia de carbunco mantienen la sangre fluida durante bastante tiempo y tardan más en descomponerse.

Pero de entre todas las dolencias que azotan a la especie humana, la porfiria eritropoyética congénita (PEC) es la que más puede asemejarnos a los colegas de Drácula. Esta extraña y rara enfermedad —solo se han descrito unos pocos cientos de casos en todo el mundo— es consecuencia de la deficiencia de una enzima que interviene en la síntesis del grupo hemo, uno de los componentes fundamentales de la hemoglobina, el pigmento que colorea la sangre y que es responsable del transporte de oxígeno en el organismo. Como consecuencia de la acumulación de unas moléculas llamadas porfirinas, las personas aquejadas de PEC presentan una fotosensibilidad extrema, con lesiones y sangrado en la piel, además de crecimiento anormal del vello en zonas del cuerpo poco usuales. Asimismo, son frecuentes las lesiones faciales, que dan al rostro un aspecto extraño, con ojos enrojecidos y dientes aparentemente mayores de lo normal (debido a la destrucción de encías y labios), caracterizados además por una desagradable tonalidad marrón rojiza que recuerda a la sangre seca. Por lo demás, el paciente sufre anemia, lo que provoca la palidez correspondiente y, por si fuera poco, es intolerante al ajo, ya que un derivado de su consumo, la dialil-sulfona, se metaboliza de forma que da lugar a un aumento de la cantidad de porfirinas y una disminución en la de grupo hemo, lo que agrava considerablemente la porfiria.

Aunque la rareza de la dolencia hace poco probable que pueda explicar las epidemias de histeria colectiva, su carácter hereditario pudo aumentar su frecuencia en localidades o feudos donde se practicase la endogamia. En efecto, se trata de una enfermedad autosómica recesiva, cuya aparición se puede ver favorecida por los matrimonios entre personas emparentadas, una costumbre habitual entre las familias nobles en la Europa del Este de los siglos XVII y XVIII. Además, la PEC es solo una de las dolencias que componen el grupo genérico de las porfirias, todas ellas caracterizadas por el exceso de sensibilidad a la luz solar y por dejar secuelas parecidas a las descripciones que existen de los vampiros.

Ahora bien, y por extraño que pueda parecer, la relación entre la sangre y el concepto de inmortalidad no ha resultado ser tan descabellada como en principio se presumía. Y no se trata de dar la razón a los *Nosferatu*, ya que beber sangre no es diferente a consumir cualquier otro alimento, al menos en cuanto a su digestión se refiere. Así, una vez ingerido, un litro de sangre humana proporciona básicamente agua, junto con unos 75 gramos de proteínas, 6 de grasas, 1 de azúcares y unos 9 de sales minerales, lo cual es menos equilibrado que un litro de leche de vaca, con sus 47 gramos de azúcares, 36 de grasas, 33 de proteínas y 7 de sales minerales[17]. Como vemos, la sangre no tiene en este sentido

---

17   Estos valores son únicamente de referencia, dado que tanto la composición de la sangre como la de la leche varían en función de varios factores. Por ejemplo, dependiendo de la raza y del estado de nutrición de la vaca, la

nada de extraordinario, y de hecho no se conoce a nadie que haya burlado a la muerte a base de comerse una morcilla.

Pero, aunque no esté en su potencial alimenticio, el poder rejuvenecedor de la sangre es una cualidad real, al menos a tenor de lo que ha desvelado la ciencia desde mediados del siglo pasado. En 1956, Clive McCay, uno de los científicos implicados en el descubrimiento de los beneficios de la restricción calórica (de la que luego hablaremos), comenzó unos extraños experimentos en los que conectaba los sistemas circulatorios de un grupo de ratones jóvenes con los de otro de ratones viejos, mediante un procedimiento conocido como parabiosis. Esta consiste en realizar un corte a ambos animales para después suturar la piel, como si se tratase de dos hermanos siameses. Cuando se regeneran, los vasos sanguíneos quedan unidos y la sangre fluye como si se tratase de un único organismo. Hoy en día se utilizan ratones modificados genéticamente para impedir el rechazo por parte de los sistemas inmunitarios, y además se les separa de nuevo una vez concluido el experimento; pero en la época de McCay los científicos no se andaban con tantas contemplaciones.

Sorprendentemente, al terminar las pruebas, los ejemplares de más edad parecían obtener ciertos beneficios, como la recuperación de su masa ósea. Desde entonces, varios experimentos han puesto de manifiesto que los ratones «ancianos» que reciben sangre joven aumentan considerablemente su longevidad, además de que tanto sus músculos como muchos de sus órganos internos, incluyendo el cerebro, muestran claras muestras de rejuvenecimiento.

¿Cómo es esto posible? Las pruebas demuestran que, como de costumbre, las células madre[18] andan detrás del asunto. En la sangre joven, existen factores que promueven

---

proporción de grasa en su leche puede alcanzar hasta el 5,25 % en peso (52,5 gramos por kilo de leche).

18   En los organismos pluricelulares, las células madre son aquellas programadas para dividirse y diferenciarse en distintos tipos celulares, que atienden a diferentes funciones.

el que estas células recuperen la capacidad de regenerar los tejidos en los organismos viejos, algo que no sucede con la sangre envejecida. Además, lo interesante del caso es que las responsables de la regeneración no son las células madre eventualmente aportadas por el animal de menor edad, sino las propias del animal más viejo, *solo que después de haber sido «bañadas» en la sangre del joven…* ¡al más puro estilo de la condesa Báthory!

Estructura química de la oxitocina.

Ante semejantes resultados, los científicos se han lanzado tras la pista de los misteriosos factores de rejuvenecimiento que se ocultan dentro del vital fluido, en busca de moléculas que modulen el funcionamiento de las células madre y cuya abundancia se reduzca con la edad. Entre los primeros sospechosos localizados se encuentran la GDF11 —una proteína que regula el crecimiento y la diferenciación de algunos tejidos— y la oxitocina, esa hormona involucrada en el establecimiento de vínculos sociales, en el comportamiento sexual, en el parto y en la lactancia, a la que tal vez por eso se la ha apodado como la «hormona del amor». Sin embargo, la investigación está literalmente en mantillas, y es posible que haya otras moléculas implicadas, dada la gran complejidad de la sangre como tejido[19].

¿Significa esto que llegará un momento en que todos recibamos como tratamiento ambulatorio una transfusión de plasma enriquecido con los elusivos factores de rejuvenecimiento, capaces de convertir a un anciano en todo un chaval? A estas alturas es difícil asegurarlo, entre otras cosas porque el secreto podría no estar tanto en lo que hay en la sangre de los jóvenes como en lo que se va a acumulando con los años en la de las personas mayores, o en ambas cosas a la vez. En cualquier caso, es muy posible que de la investigación en curso se desprendan un buen número de sorpresas, algunas de las cuales puede que tengan en el futuro un impacto considerable sobre nuestra salud.

Mientras tanto, les animo a que sigan leyendo historias de vampiros, en la confianza de que se darán ustedes cuenta de que los mitos y las leyendas, por atractivos que resulten, son casi siempre menos apasionantes que una realidad que, la mayoría de las veces, supera con creces a lo descrito en la ficción.

---

19 En los últimos años, se ha apuntado a que, al igual que sucede con la sangre, la flora bacteriana de nuestro sistema digestivo puede tener algo que decir con respecto a la longevidad. En este sentido, se investigan por ejemplo los efectos de *Bacillus subtilis*, una bacteria cuya presencia es beneficiosa para el sistema inmunitario y que parece retardar el envejecimiento en el famoso «gusano elegante», del que pronto hablaremos.

Del bíblico Matusalén al enigmático conde de Saint Germain

Un hombre que no muere nunca y que lo sabe todo.
Voltaire (1694-1778), escritor y filósofo francés, en referencia al
conde de Saint Germain

¿Se han dado casos a lo largo de la historia de personas que hayan alcanzado una edad verdaderamente inusual? Ciertamente, las leyendas acerca de este asunto son tan viejas como la propia humanidad. Así, en la Biblia, en el libro del Génesis, la milenaria tradición hebrea nos habla de la impresionante longevidad de los patriarcas anteriores al Diluvio, muchos de los cuales habrían vivido entre cerca de ochocientos años y más de novecientos, llevándose la palma Matusalén, quien habría alcanzado la friolera de novecientos sesenta y nueve. De ahí el dicho «ser más viejo que Matusalén».

Sin embargo, la referencia a personas que habrían vivido mucho más que el común de los mortales no es, ni mucho menos, patrimonio exclusivo de la tradición judeocristiana, sino que se encuentra extendida por la mayoría de las mitologías más antiguas del planeta. Por ejemplo, de acuerdo con el Canon Real de Turín y con los escritores de la antigüedad, antes de las dinastías históricas existió en el antiguo Egipto una época mítica en la que los *Shemsu Hor*[20] gobernaron el país del Nilo durante miles de años. Estos individuos, probablemente una referencia legendaria a los gobernantes guerreros del Alto y el Bajo Egipto anteriores a la unificación, adquirieron el carácter de reyes-espíritus o de semidioses, no siendo divinos del todo, a pesar de lo cual se les atribuía una longevidad extraordinaria. De igual modo, la Lista Real Sumeria nos habla de los diez reyes antediluvianos que residían en la ciudad de Eridu y cada uno de los cuales gobernó durante decenas de miles de años, mientras que el *Mahabharata*, la monumental epopeya hindú, nos cuenta las peripecias de Brishma, un héroe capaz de luchar en la guerra del lado de sus sobrino-nietos, quienes ya contaban con entre setenta y ochenta años.

Pintura que recrea el puerto de Eridu.

---

20 No hay consenso sobre el significado de este nombre, siendo las traducciones más habituales (lo que no quiere decir que ninguna de ellas sea necesariamente correcta) «seguidores de Horus», «compañeros de Horus» o «servidores de Horus».

Aunque muchos estudiosos han argumentado que las descomunales edades de los patriarcas antediluvianos son en realidad fruto de errores de traducción (los años podrían ser en realidad meses, por ejemplo), parece claro que, en una época en la que la esperanza de vida al nacer apenas superaba los veinticinco o los treinta, los hombres veían la longevidad como un signo evidente del carácter semidivino de algunos reyes, cuya larga vida parecía un reflejo de la inmortalidad que caracterizaba a los dioses. Así, cabe preguntarse qué pensarían los egipcios de un faraón como Pepi II, al que se le atribuye el haber alcanzado los noventa años. Aunque hoy en día no se trate de nada extraordinario, en el siglo XXIII a. C. semejante cifra debía ocasionar el estupor entre sus súbditos, ya que el anciano gobernante gozó de una vida tres veces más larga de lo habitual. Por supuesto, la longevidad de Pepi se debió seguramente a la combinación de un buen acervo genético con una calidad de vida extraordinariamente superior a la del resto de sus compatriotas, pero a los supersticiosos hijos del Nilo el que llegase hasta una edad tan avanzada hubo de parecerles una prueba incontestable de la incipiente divinidad de su faraón.

En el mundo grecorromano, donde los mitos y la religión convivían con la filosofía, circularon muchas historias sobre personajes asombrosamente longevos, algunos de los cuales habrían sido verdaderas lumbreras en el terreno intelectual. Así, varios escritores de la antigüedad coinciden en que el famoso filósofo atomista Demócrito de Abdera vivió más de cien años, aunque otros le adjudican tan solo unos noventa. Más llamativo resulta el caso de Epiménides de Cnosos, un semi-mítico filósofo y poeta griego del siglo VI a. C. del que se ha escrito que vivió más de ciento cincuenta años (algunos le han adjudicado casi trescientos). Aunque no existe ninguna prueba de la veracidad de semejante afirmación, parece cierto que un buen número de pensadores griegos superó la barrera de los ochenta e incluso la de los noventa, entre ellos Jenófanes de Colofón, Pirrón de Elis y puede que

Óleo *Demócrito* realizado por Diego Velázquez, *c.* 1630.

Eratóstenes de Cirene, por lo que es muy probable que en aquella época la posibilidad de que los mortales alcanzasen edades «supercentenarias» no se considerase del todo como una utopía.

De hecho, se atribuye a Luciano de Samosata la confección de una lista de personajes famosos que alcanzaron una edad muy avanzada. Aunque existen algunas dudas acerca de si este libro, el *Macrobii,* fue en realidad obra del mencionado autor, el caso es que en él se recogen no solo muchos ejemplos de personas más o menos legendarias que vivieron entre ochenta y cien años, sino también alusiones a otras que, como el famoso Néstor de la guerra de Troya, habrían superado la barrera de los trescientos, o, en el caso del profeta ciego Tiresias, la de los seiscientos. Plinio el Viejo, por su parte, identificó en el censo llevado a cabo por el emperador Vespasiano, en 74 d. C., la presencia de un gran número de individuos que alegaban tener más de cien años. Incluso menciona que en cierta región de Italia varias personas afirmaban haber superado los ciento treinta o incluso más.

Uno de los personajes más pintorescos relacionados con las antiguas leyendas sobre la longevidad es el chino Peng Zu, quien según algunas fuentes habría vivido más de ochocientos años en el segundo milenio a. C., en la época de la dinastía Shang. Para los devotos del taoísmo se trata de una especie de santo, existiendo evidencias de que la búsqueda del elixir de la vida por parte de muchos de los practicantes de esta doctrina se vio muy influenciada por la creencia en la capacidad de Peng Zu para prolongar la suya. A tenor de la leyenda, entre sus habilidades se encontraba la práctica del sexo, que al parecer utilizaba para extraer la energía femenina trasladándola a su propio cuerpo. En este sentido, se dice que tuvo más de cien esposas que le dieron cientos de retoños, algunos de los cuales habrían nacido cuando el avezado semental ya había cumplido los ocho siglos. Por lo demás, gozaba de una dieta saludable y practicaba la meditación, algo a lo que se atribuye su soberbia energía sexual y, en general, su longevidad. En la zona donde se cree que vivió aún se conserva un santuario con su tumba y una estatua conmemorativa, además de celebrarse anualmente un festival en su honor en el transcurso del cual la gente reza con la esperanza de obtener una vida feliz y más larga. Sus representaciones pueden encontrarse a lo largo y a lo ancho de toda la geografía china, siendo uno de los regalos más frecuentes en los cumpleaños de los ancianos.

La popularidad de Peng Zu no es de extrañar, ya que los chinos siempre han tenido una larga tradición de legendarios personajes supuestamente multi-centenarios, algo que comparten con otras culturas como la vietnamita, la japonesa o la coreana, cuya tradición atribuye al rey Taejodae de Goguryeo (uno de los tres reinos de Corea allá por el año 100 de nuestra era) una edad de ciento dieciocho años[21], tan solo algo inferior a la que ciertos textos japoneses adjudican a algunos de los primeros gobernantes del Imperio del sol naciente[22].

Casi contemporáneo de Taejodae fue Doroteo de Tiro, un obispo de los primeros tiempos del cristianismo que fue desterrado varias veces y del que se dice que fue ejecutado por su oposición a Juliano el Apóstata cuando contaba con la friolera de ciento siete años. No obstante, alguno de los mismos cronistas que hacen referencia a su longevidad le atribuye también a este santo supuestamente nacido en Antioquía toda una serie de hazañas fabulosas, por lo que conviene mantener un sano escepticismo al respecto, una posición que también parece adecuada en el caso de San Servacio, el obispo de Tongeren del siglo IV al que algunas leyendas adjudican cientos de años.

---

21 Basándose en los datos disponibles, los historiadores le conceden más bien alrededor de setenta y cinco.

22 De acuerdo con el *Kojiki*, la crónica del Japón más antigua que se conserva (s. VIII), el semilegendario primer emperador de la dinastía Yamato, Jimmu, alcanzó la friolera de ciento veintiseis años, mientras que Kōan, el sexto en la lista, también habría pasado de los cien.

Por lo demás, y posiblemente debido a que la mayoría de la gente duraba más bien poco, en los siglos medievales las referencias a personajes de extrema longevidad escasean, siendo quizás la más reseñable la de Piast Kołodziej, el semi-legendario fundador de la dinastía que gobernaría el reino de Polonia a partir del siglo X. De acuerdo con la tradición, este tatarabuelo del ya plenamente histórico príncipe Mieszko I habría fallecido en 861, a la edad de ciento veinte años. También es digno de mención el caso de Llywarch Hen, un mítico poeta bretón del siglo VI al que las diferentes fuentes adjudican desde haber alcanzado los ochenta (lo más probable), hasta los ciento cincuenta.

Pero donde las historias sobre personajes super-centenarios e, incluso, inmortales, se tornan de veras curiosas es a partir del Renacimiento, cuando las leyendas sobre la vida eterna asociadas a la búsqueda, por parte de los alquimistas, del «elixir de la vida» y de la piedra filosofal, junto con la difusión que les proporcionó la invención de la imprenta, hicieron que circulasen por Europa occidental toda suerte de rumores acerca de misteriosos individuos cuya existencia parecía desafiar las leyes de la naturaleza.

Uno de los casos más famosos es el de Nicolás Flamel, un librero francés que murió en París en 1418 y que ha sido popularizado por la saga de *Harry Potter*. A Flamel se le atribuye el haber encontrado, a través de manipulaciones alquímicas, el secreto de la célebre transmutación, algo que él mismo afirma en una obra de su supuesta autoría, la *Exposición de las figuras jeroglíficas*. La explicación detallada de cómo lo habría conseguido resulta muy confusa, envuelta en el típico lenguaje alegórico de los alquimistas, por lo que nadie ha conseguido reproducirla[23]. Pero lo cierto es que, a partir de 1385, este personaje se convirtió en un hombre

---

23   Cosa que en ningún caso podría lograrse, ya que es harto improbable que el potentado librero, al no disponer de un reactor nuclear ni de un acelerador de partículas, pudiese fabricar oro.

NICOLAS FLAMEL, PHILOSOPHE FRANÇOIS.

Nicolás Flamel.

inmensamente rico que se compró una mansión en París y financió durante años la construcción de asilos, hospitales e iglesias, a las que únicamente exigía que grabasen su nombre en los muros exteriores de los edificios. Se dice que llegó incluso a ser requerido por el rey de Francia para que le ayudase a reponer las arcas del reino y, por si fuera poco, la tradición cuenta que poco después de su muerte y de la de su esposa se exhumaron los cuerpos, comprobándose que en las tumbas solo había troncos de árbol.

Como consecuencia de todo ello, en su día se especuló largo y tendido con la posible inmortalidad de Flamel, tal vez fruto de haber sabido encontrar el legendario elixir, aunque, ni que decir tiene que, con toda seguridad, la realidad tuvo que ser algo más prosaica. De entrada, es probable que la fortuna del supuesto alquimista fuera, al menos en parte, fruto de su labor como escribano y librero, un oficio que resultaba muy lucrativo en una época en la que escaseaban los hombres letrados. Además, su mujer había estado casada dos veces con anterioridad, por lo que debió aportar una notable herencia a su nuevo matrimonio. En cualquier caso, a tenor del testamento de Flamel, y a pesar de mostrar en él una buena dosis de generosidad, no parece que su fortuna fuese realmente tan inmensa como se ha especulado. Por otra parte, la autoría real del famoso libro que se le atribuye viene siendo cuestionada desde hace tiempo, ya que el original no apareció hasta el siglo XVII. Fue publicado como una obra perdida de Flamel cuando, en realidad, nunca había sido mencionada con anterioridad y no existe evidencia alguna de que fuese suya. De hecho, ni siquiera hay pruebas fehacientes de que el elusivo escribano se dedicase a la alquimia. Por lo demás, se ha insinuado en repetidas ocasiones que el propio editor del libro pudo ser el autor del mismo, en un intento por enriquecerse a base de atraer el interés de los lectores hacia un hallazgo extraordinario.

Fuese cual fuese la verdad, en un mundo siempre ávido de magia Flamel no fue el único practicante de la ciencia her-

Grabado del conde de Saint Germain realizado por Nicolas
Thomas en 1783, a partir de una pintura que pertenecía a
la marquesa de Urfe y que se encuentra desaparecida.

mética al que se le atribuyó una longevidad fuera de serie, ya que las historias acerca de alquimistas multicentenarios se han convertido en una tradición que ha llegado prácticamente hasta nuestros días. Por ejemplo, de acuerdo con un periódico holandés, Fredericus Gualdus contaba con unos cuatrocientos años allá por la década de 1680, y se decía que de vez en cuando enseñaba un autorretrato que, según él, había sido pintado por el mismísimo Tiziano, quien había muerto más de cien años atrás. Alguna fuente alude incluso a que Gualdus seguía vivo en 1782, con más de seiscientos años. Pero sin duda el caso más famoso y enigmático de un supuesto alquimista que habría desafiado a la muerte fue el del misterioso conde de Saint Germain[24], uno de los personajes más extraordinarios de todo el siglo XVIII, sobre el que se ha construido una fabulosa leyenda que se ha perpetuado hasta nuestros días.

Aventurero, cortesano, artista y, según se dice, devoto de las ciencias ocultas, nadie sabe a ciencia cierta cuándo ni dónde nació, aunque se ha propuesto desde que pudo ser un judío portugués, un rosacruz nativo de Bohemia o un moscovita, hasta que se trataba en realidad de un hijo de Mariana de Neoburgo, la viuda del rey español Carlos II, pasando por la posibilidad de que fuese hijo del último príncipe de Transilvania, Francisco Rákóczi II, o de un aristócrata italiano, el marqués de Rivarolo. Sea como fuere, el Saint Germain histórico aparece en Londres hacia 1745, involucrado de alguna manera en la rebelión de los jacobitas, frecuentando la alta sociedad británica y cargado de diamantes, con el aspecto de ser un hombre joven, de unos treinta y tantos años. Nadie sabe cuál es el origen de su fortuna, pero es extremadamente educado y elegante, además de hablar a la perfección varios idiomas, componer música

---

24   No confundir con el conde Claude-Louis de Saint Germain (1707-1778), ministro de la guerra y general de los ejércitos de Francia y, más tarde, de Dinamarca.

de maravilla y aparentar vastos conocimientos acerca de temas muy variados.

Años más tarde, y tras viajar por Alemania y Holanda, entra en contacto con el marqués de Marigny, hermano de la reina, quien le introduce en la corte francesa, donde se convierte en íntimo del rey Luis XV y de su esposa *madame* Pompadour. Allí comienza la leyenda de este singular personaje, al que se le comienzan a atribuir todo tipo de peripecias, reales o inventadas. Se decía de él que no envejecía lo más mínimo, que no comía y que únicamente consumía un extraño líquido que preparaba en un laboratorio secreto, del que también salían magníficos diamantes y otras gemas de calidad intachable. Al mismo tiempo, circulaban habladurías acerca de sus extraños y frecuentes viajes a lugares tan alejados como Centroamérica o el Tíbet. Décadas más tarde, el cronista Georges Touchard-Lafosse narrará una célebre anécdota, según la cual el conde le aseguró a una anciana aristócrata que creyó reconocerle que, efectivamente, ambos se habían encontrado cuando eran jóvenes, dándole a entender sonriendo que él también era muy viejo, a pesar de que en aquellas fechas aparentaba tan solo unos cuarenta años. Por la Corte también se rumoreaba que el compositor Jean-Phillippe Rameau aseguraba haber conocido al conde allá por 1710, y que por aquel entonces ya tenía el mismo aspecto. De este modo, empezó a forjarse el mito del «inmortal» conde de Saint Germain, acerca del cual se llegó a rumorear que había estado presente incluso en las bodas de Caná.

Sin embargo, y como es bien sabido, nada, y menos todavía la riqueza y la fama, pueden garantizar que las cosas no vayan a cambiar. Saint Germain tenía sus detractores, de modo que, tras caer en desgracia acusado de conspiración, el que fuera una vez descrito por el mismísimo Voltaire como «un hombre que no muere nunca y que lo sabe todo[25]», aban-

---

25   Voltaire. *Oeuvres completés*. París, Didot, 1877, t. X, n.º 313, carta de 15 de
        abril de 1760 a Federico II.

donó Francia en 1760 y recorrió varios países de Europa con nombres diferentes, a menudo asociado con la práctica de la alquimia y con acontecimientos políticos de cierto calado, hasta el día oficial de su muerte, fechada en Eckernförde, Alemania, el 27 de febrero de 1784.

Y decimos «oficialmente» porque los partidarios de la inmortalidad del conde alegan que la documentación existente es falsa y que desde entonces son numerosos los testigos que dicen haberlo visto, un poco por todas partes. Así, y según diferentes fuentes de verosimilitud discutible, aparece primero en Rusia y en Alemania, y más tarde en Francia durante los años de la Revolución. A partir de ahí, la fantasía se dispara. Lamothe-Langan, un editor de documentos falsos, publica unos *Recuerdos de María Antonieta*, en los que un viejo personaje de la corte francesa, la condesa d'Adhemar, afirma haberse topado de nuevo en varias ocasiones —la última en 1820— con el misterioso personaje, quien después parece esfumarse durante décadas, para reaparecer a finales del siglo XIX ayudando a fundar la Sociedad Teosófica, al menos según lo relatado por los seguidores de esta doctrina. Durante el reinado de Napoleón III, se rumorea que el emperador ha encargado un misterioso expediente sobre el conde, que finalmente desaparece en un incendio. En 1897, la famosa cantante francesa Emma Calvé dedica un retrato «a mi amigo, el conde de Saint Germain». Décadas después algunos declaran habérselo encontrado en los Estados Unidos, involucrado en las actividades de ciertas sociedades secretas. Incluso en una fecha tan tardía como los años setenta del siglo XX aparece en Francia un individuo, Richard Chanfray, que asegura ser el mismísimo conde, cuando en realidad no se trata más que de un embaucador que se suicida en 1983, después de una década de embustes y de escándalos. Basta con escribir «conde de Saint Germain» en cualquier buscador de internet para comprobar hasta qué punto el mito del inmortal aristócrata todavía persiste en la memoria de los hombres. Su figura ha inspirado algunas de las novelas más famosas del siglo XIX, incluyendo entre ellas *El conde de Montecristo.*

En honor a la verdad, no existe en la Edad Moderna otro caso tan emblemático como el de Saint Germain pero, por fortuna para nosotros, se trata de la primera época en la que la relativa abundancia de documentación relacionada con censos y registros de nacimientos o defunciones nos permite hacernos una idea de las creencias por aquel entonces aceptadas en materia de longevidad. Así, por ejemplo, si nos fijamos únicamente en Inglaterra, nos encontramos con varios intrigantes documentos, como el registro de enterramientos de Shoreditch (hoy un barrio de Londres) del 28 de enero de 1588, que señala textualmente: «Edad 207 años. Holywell Street. Thomas Cam»[26].

Más conocido es el caso de Henry Jenkins, un supuesto supercentenario de la zona de North Yorkshire, que en un juicio celebrado en 1667 declaró bajo juramento que tenía ya «*más* o menos ciento cincuenta y siete» y que había participado en la batalla de Flodden Field, en 1513, llevando flechas para los arqueros ingleses. Fallecido tres años más tarde en la pequeña villa de Bolton-on-Swale. Su lápida reza que «vivió hasta la asombrosa edad de 169». Otros registros de parroquias y lápidas de cementerios británicos en los siglos XVII y XVIII hablan de edades que oscilan entre los ciento cincuenta y los doscientos años, y lo mismo sucede con la documentación procedente de países como Suecia, donde se cuenta con cientos de anotaciones acerca de hipotéticos supercentenarios. Por desgracia, en todos estos casos siempre se echan en falta documentos que revelen la fecha de nacimiento, lo que hace que estas supuestas hazañas resulten de lo más sospechosas, al ser completamente imposibles de comprobar[27].

---

26   Thornbury, Walter (1878). *Shoreditch. Old and New London.* 2. Centre for Metropolitan History. pp. 194-195.

27   La documentación anterior al siglo XVII es a menudo fragmentaria o muy incompleta, ya que en muchos casos no se mantenían todavía registros.

Algo diferente sucede en el caso más notorio del siglo XVII, el de Thomas Parr («Old Tom Parr»), de quien se afirmaba que había nacido en 1483 y fallecido en 1635, a los ciento cincuenta y dos años, y que había tenido un hijo pasados los ciento veinte. En su época, Parr se convirtió en toda una celebridad: fue retratado por Rubens y Van Dyck, e incluso llegó a tener una audiencia con el rey Carlos I. Como consecuencia de su fama, fue enterrado en la abadía de Westminster, con una lápida que hace referencia a las supuestas fechas de su nacimiento y defunción. Sin embargo, cuando el médico William Harvey, el descubridor de la circulación de la sangre, le hizo la autopsia, encontró que el estado de sus vísceras no se correspondía con las de un individuo de más de cien años. De hecho, hoy en día se estima que los resultados de la prueba corresponden en realidad con los de un hombre de unos setenta. En este caso, es posible que los registros de nacimiento del viejo Tom se confundiesen con los de su abuelo pues, de hecho, Parr nunca fue capaz de recordar nada que hubiese sucedido antes de mediados del siglo XVI.

La creciente popularidad de las historias acerca de personas dotadas de una longevidad extraordinaria hizo que a lo largo de los siglos XVIII y XIX la prensa escrita, sobre todo la sensacionalista, se llenase de jugosas anécdotas de este tipo. Por ejemplo, en 1794, el *The European Magazine and London Review*[28] menciona varios casos de personas con edades que a veces alcanzan de ciento treinta para arriba. Los registros de muchos países, por su parte, siguen mostrando defunciones a edades más que dudosas, como las cincuenta personas de más de ciento veinte años incluidas en los informes oficiales de la Rusia de 1815. Pero donde el asunto ha alcanzado

---

Por este motivo, en Inglaterra resultaba relativamente fácil alegar una edad avanzada dada la dificultad de comprobar los nacimientos anteriores a 1538, fecha en la que se pidió a las parroquias que comenzasen a anotar eventos tales como los nacimientos y los bautismos.

28 *The European magazine, and London review*, Vol. 25, pp. 265-67, Philological Society. London, 1794.

Thomas Parr.

proporciones literalmente bíblicas es a lo largo del siglo XX y lo que llevamos del XXI, en los que prácticamente no ha habido un país que no haya reclamado la presencia entre sus ciudadanos de al menos un supercentenario de récord. De hecho, en algunos lugares como la URSS, en los años cincuenta y sesenta se presentaban censos que incluían a cientos de personas con edades difíciles de asimilar.

Siempre rodeados de un aura de sensacionalismo, la avalancha de casos a los que se les ha dado cierta credibilidad, al menos en su país de origen, incluyen, entre otros, al argelino Mubarak Rahmani Messe (¿140 años?), al etíope Dhaqabo Ebba (¿163 años?), al azerbaiyano Shirali Muslimov (¿168?) o al colombiano Javier Pereira (¿166-169?). La lista ha ido incrementándose paulatinamente, de modo que todos los años llegan nuevas reclamaciones a la sede del *Guiness World Records,* que últimamente no da abasto con tanta petición. Dado que en la mayoría de los casos las partidas de nacimiento brillan por su ausencia, los gobiernos utilizan a veces métodos algo extravagantes para sustentar la reclamación. Por poner un ejemplo, el Ministerio de Arqueología de Nepal intentó demostrar que Bir Narayan Chaudhary, muerto en 1998, falleció a los ciento cuarenta y dos años… ¡en base a las cartas astrales confeccionadas en la época de su supuesto nacimiento!

De entre todos los mitos y leyendas desarrollados a lo largo del siglo XX, hay dos en concreto sobre los que se han vertido ríos de tinta. Se trata del chino Li-Chin-Yueng y, cómo no, del legendario alquimista conocido como Fulcanelli. Con respecto a este último, la historia comienza en 1926, cuando el editor Jean Schemit declara haber recibido la visita de un enigmático individuo que le habla de la existencia de un misterioso lenguaje escondido en las catedrales góticas. Semanas más tarde, recibe un manuscrito obra de alguien que responde al seudónimo de Fulcanelli. Impresionado, en el transcurso de los siguientes tres años, Schemit publica en París *El misterio de las catedrales* y *las moradas filosofales*, dos de

Frontispicio de *Le Mystère des Cathédrales* de Fulcanelli
(1926). Ilustración de Julien Champagne.

las obras ocultistas más famosas de todo el siglo XX, en las que Fulcanelli defiende con innegable maestría que el simbolismo de la alquimia juega un papel muy relevante en las esculturas y las vidrieras que adornan los enormes templos medievales que se extienden por Europa. Para sus seguidores, Fulcanelli sería un hombre elegante y culto que habría llegado a desentrañar los secretos de la materia, hasta el punto de lograr auténticas transmutaciones y haberse convertido en poco menos que inmortal. Rumores acerca de su involucración en los acontecimientos que rodearon el alumbramiento de la energía atómica[29] dieron paso a una supuesta reaparición nada menos que en 2002, cuando se publicó una nueva obra (a todas luces apócrifa) firmada por el autor. Esta es la última referencia que se tiene de él.

¿Quién se escondía en realidad detrás del seudónimo de Fulcanelli? Se ha especulado con muchos nombres, aunque las pruebas apuntan más bien hacia el pintor francés Julien Champagne, un ocultista que no era otro que el misterioso visitante que fue a ver al editor en 1926. Resulta que la caligrafía de algunos fragmentos atribuidos a Fulcanelli es prácticamente idéntica a la de Champagne. Además, existen otras pistas en las obras del legendario alquimista que apuntan hacia la autoría del pintor. De acuerdo con esto, Champagne habría construido el mito de Fulcanelli por vanidad y quizá para granjearse un prestigio dentro de los ambientes esotéricos que proliferaban en la Francia de entreguerras. En cuanto a sus enigmáticas obras, se sospecha que están probablemente inspiradas en los escritos de los eruditos y ocultistas franceses Pierre Dujols y René Adolphe Schwaller de Lubicz, de quienes el pintor habría obtenido las ideas y los

---

29 La fama de Fulcanelli adquirió dimensión global cuando el escritor francés Jacques Bergier desveló en su célebre *best-seller* de 1960, *El retorno de los brujos*, una supuesta conversación en la que alguien que podría ser el misterioso personaje habría intentado alertar a los investigadores acerca de los peligros de manipular la energía del átomo, dando a entender que los alquimistas conocían el secreto desde hacía mucho tiempo.

Li Ching-Yuen, fotografía de 1927.

datos necesarios para completar ambos libros. En cualquier caso, Champagne murió en 1932 y se llevó a la tumba el secreto de quién era Fulcanelli.

El caso de Li Ching-Yuen, por el contrario, es célebre por tratarse de uno de los más documentados y aireados en su día por la prensa. Llegó a convencer por completo a señores de la guerra como Wu Peifu o el general Yang Sen, comandante del ejército de Chiang-Kai-shek, quien llegó a escribir una biografía del supuesto supercentenario. De acuerdo con los relatos que circularon a finales de los años veinte y a comienzos de los treinta, Li Ching-Yuen era un experto en hierbas que practicaba el *Qigong* —una combinación de prácticas de meditación, respiración, movimientos y posturas corporales—, que habría nacido en 1736 (según él) o en 1677 (según otros), y que habría llegado a militar en calidad de asesor táctico y profesor de artes marciales en los ejércitos chinos del siglo XVIII. El asunto alcanzó notoriedad en 1928, cuando dos de los principales periódicos de China publicaron que un profesor universitario había descubierto documentos imperiales en los que se felicitaba al antiguo asesor, primero por su ciento cincuenta cumpleaños (1827) y después por el doscientos (1877). De acuerdo con esta documentación, cuando falleció en 1933, el bueno de Li Ching contaría con unos casi bíblicos doscientos cincuenta y seis años, lo que llamó la atención del *New York Times* y otros periódicos occidentales, que al airear la historia casi convirtieron al controvertido chino en una celebridad mundial, a la que algunas fuentes adjudicaban nada menos que veinticuatro matrimonios y cerca de doscientos descendientes.

Claro está que los expertos siempre han visto el caso de Li Ching con extremo escepticismo, dado que el aspecto que muestra en las fotos de los últimos años de su vida no es sino el de un anciano normal. Además, siempre conviene desconfiar de los alegatos a que la gente puede prolongar su vida gracias a misteriosas «prácticas espirituales» y extrañas hierbas medicinales. Según esto, el mítico caso no sería más que consecuencia de un nombre y unos oficios que se habrían transmitido de padre a hijo a través de varias generaciones, haciendo muy difícil comprobar la falsedad de las afirmaciones del «último» Li Ching-Yuen.

Pero si la edad de Li Ching no es más que una impostura y Fulcanelli jamás existió, ¿cuál ha sido la persona más longeva de la historia acerca de cuya edad se dispone de pruebas incontestables? Pues no es otra que una mujer[30], la francesa Jeanne Louise Calment, natural de Arlés, que ostenta el actual récord mundial «oficial» al haber cumplido la friolera de ciento veintidós años y ciento sesenta y cuatro días en la fecha de su fallecimiento, acaecido el cuatro de agosto de 1997. De hecho, se trata del único caso sólidamente documentado hasta la fecha de un representante de la especie humana que ha conseguido atravesar la barrera de los ciento veinte.

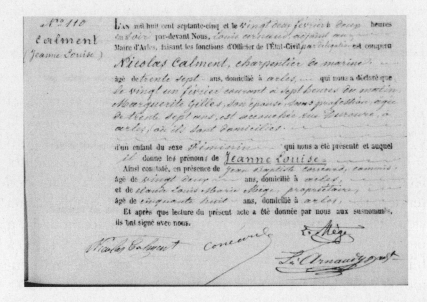

Partida de nacimiento de Jeanne Louise Calment fechada en 1875.

---

30   Es representativo del machismo imperante a través de los milenios el que la mayoría de los personajes a los que se atribuyera una longevidad extrema fuesen varones, cuando es una realidad científica el que las mujeres viven en promedio bastante más.

Jeanne Calment a los 20 años.

Por supuesto, la vida de Jeanne ha sido investigada hasta la saciedad, por lo que no queda ninguna duda acerca de la veracidad del número de sus cumpleaños. Para empezar, aquí sí que conservamos el original de su partida de nacimiento, fechado el veintiuno de febrero de 1875. Se casó con un rico tendero de Arlés, ciudad en la que residió toda su larguísima vida, lo que le permitió llevar una existencia acomodada, a pesar de que no tuvo suerte con su descendencia. Su única hija, Yvonne, murió a los treinta y cinco años de una neumonía y su nieto falleció en un accidente de tráfico en 1960. Ya sin herederos, al cumplir los noventa vendió su vivienda a cambio de un pago mensual vitalicio. El abogado que le compró la casa hizo mal negocio, ya que treinta años después falleció sin que todavía lo hubiese hecho la Calment, que al final llegó a cobrar por la casa cerca del doble de su valor.

¿Cuál fue el secreto de la larga vida de Jeanne? En honor a la verdad, hay que decir que un hermano suyo vivió hasta los noventa y siete y que su padre casi llegó a cumplir los cien, por lo que puede decirse que, al menos en parte, su longevidad era cosa de familia[31]. Por lo demás, se mantuvo físicamente activa casi hasta el final (practicó esgrima hasta los ochenta y cinco, montó en bicicleta siendo ya centenaria y siguió caminando hasta que se rompió la cadera, poco antes de cumplir los ciento quince). Cuando se le preguntaba, la adorable ancianita atribuía la clave de su avanzada edad a la ingesta de aceite de oliva, vino de Oporto y chocolate, aunque también confesaba haber seguido fumando un par de cigarrillos diarios durante casi cien años. Así, la longeva francesa que llegó a conocer en persona a Van Gogh se marchó de este mundo sin habernos aclarado su secreto, esa probable combinación de soberbias condiciones genéticas con una vida tranquila y razonablemente saludable que la llevó a explorar los límites de la vida humana y a competir, y en cierto modo a superar, las míticas hazañas de Matusalén, de Fulcanelli y del inquieto y legendario conde de Saint Germain.

---

31 La familia Calment no ha sido, ni mucho menos, el único caso en que se ha puesto en clara evidencia el efecto de la herencia familiar en la longevidad. En Estados Unidos, por ejemplo, es célebre el caso de los cuatro hermanos Kahn (dos hombres y dos mujeres), que llegaron a vivir 101, 103, 109 y 110 años respectivamente.

Pócimas, elixires y una
fuente para la eternidad

Es cosa cierta que [...] Juan Ponce de León [...] fue a buscar la fuente de Bimini, y en la Florida un río, dando en esto crédito a los indios de Cuba y a otros de la Española, que decían que bañándose en él o en la fuente los hombres viejos se volvían mozos; [...] pasaron no muchos años antes que los castellanos descubriesen aquella isla a las tierras de la Florida en busca de él [...] y no quedó río ni arroyo en toda la Florida, hasta las lagunas y pantanos, adonde no se bañasen; y hasta hoy porfían algunos en buscar este misterio.
Década I, Antonio de Herrera (1549-1625), cronista español.

Una de las muchas recetas milagrosas que circulan por la red es la de un «elixir tibetano de la juventud», supuestamente preparado por primera vez en el siglo IV a. C. empleando ajos que, entre otras cosas, se supone que previene nada menos que los infartos, el ictus y el cáncer, además de mejorar la vista, purificar el organismo y acelerar el metabolismo. Junto con la limpieza del «sistema alimenticio» (sea lo que sea eso), se dice que el maravilloso producto mejora tanto la resistencia del cuerpo que este deja de padecer enfermedades. Sin embargo, y dejando al margen el hecho de que un preparado a base de ajo no es muy probable que proteja la vida de nadie —desde luego no la amorosa—, el hecho de que la esperanza de vida en el Tíbet fuese de unos treinta y cinco años a mediados del siglo XX[32] no ayuda a creer en las bondades del producto, que por otra parte no es más que uno entre muchos a los que se etiqueta como «tibetanos». Otro de los más populares es una mezcla de zumo de limón, miel y aceite de oliva, aunque lo más probable es que no haya muchos olivos en la región autónoma china, ni siquiera en los tiempos que corren, en los que el gran país oriental fabrica absolutamente de todo.

En cualquier caso, la asociación del lejano oriente con todo lo que huele a prevención de enfermedades y prolongación de la vida no es en absoluto nada nuevo, ya que la búsqueda del legendario elixir de la inmortalidad está enraizada desde hace muchas generaciones en el subconsciente colectivo, como parte de la cultura y la tradición del otrora Celeste Imperio. En efecto, la relación de China con la búsqueda de la eterna juventud se pierde en la noche de los tiempos, pues ya desde las épocas más antiguas nos llegan los ecos de lo que casi puede calificarse como de una obsesión.

Y es que, tal y como ya hemos visto, una auténtica fijación era la inmortalidad para el primer emperador de China, Qín Shǐ Huáng Dì (260-210 a. C.), quien, no contento con derrotar a todos sus enemigos, unificar el enorme país y comenzar la construcción de la célebre Gran Muralla, estaba resuelto a intentar no morir jamás. Para ello, y tras rastrear todo tipo de rumores y leyendas, ordenó que se llevasen a cabo varias expediciones en búsqueda del mítico elixir, dos de las cuales habrían llevado al hechicero Xu Fu a los mares del Este, comandando una flota de varias decenas de barcos y miles de hombres que nunca regresó. Varias tradiciones apuntan a que los miembros de la extraña expedición se afincaron en las islas de lo que ahora es Japón, quizá temerosos de regresar con las manos vacías. Decepcionado, y pensando que

---

32   La esperanza de vida actual en el Tíbet es de más de 68 años, debiéndose el notable incremento a los avances de la medicina moderna y a las medidas de salud pública.

le habían engañado, el inquieto emperador volvió sus ojos hacia el mercurio, ese hermoso metal líquido al que muchos pueblos de la antigüedad atribuían propiedades curativas, e incluso mágicas. De este modo, y al verse amenazados de muerte, sus médicos privados comenzaron a suministrarle pócimas a base de mercurio y jade, lo que lejos de prolongarle la vida terminó por llevarle al otro barrio, no en vano los compuestos de mercurio son extremadamente tóxicos.

A pesar de ello, Qín Shǐ confiaba tanto en la líquida sustancia que se hizo enterrar en un gigantesco mausoleo en el que, a tenor de lo descrito por los cronistas, se encontraba representado un mapa de China en el que los ríos y los lagos estaban hechos con la maravillosa «plata de agua», de la que muchos de sus compatriotas también pensaban que sanaba las heridas y escondía el codiciado secreto de la inmortali-

Un ukiyo-e («estampa japonesa», tipo de grabado en madera) del siglo XIX de Utagawa Kuniyoshi que representa los barcos de la gran expedición marítima enviada alrededor del 219 a. C. por el primer emperador chino, Qín Shǐ Huáng (Shikôtei), para encontrar el hogar legendario de los inmortales, el Monte Penglai, y recuperar el elixir de la inmortalidad (Hôraizan).

dad. Esta fascinación por el mercurio también la compartían los griegos y los romanos, que preparaban con él ungüentos de todo tipo, e incluso los antiguos mayas, quienes adoraban su hermosa mena, el cinabrio, la cual asociaban a la vida más allá de la muerte, hasta el punto de recubrir todos los objetos de las tumbas de algunos gobernantes, así como los cuerpos colocados en el interior de los sarcófagos, con el brillante polvo rojo.

Pero el fascinante metal líquido no fue, ni mucho menos, la única sustancia a la que en la antigüedad se le atribuían extraordinarios poderes curativos que ayudaban a prolongar la vida. En este sentido, los chinos, supersticiosos por excelencia, también creían en la existencia de una «seta de la inmortalidad», el Lingzhi (literalmente «seta sobrenatural») que según la tradición crecía en las laderas del legendario monte Penglai, y en busca de la cual varios emperadores

Ganoderma lucidum es un hongo basidiomiceto (reproducción por basidiosporas) conocido en español por «pipa» dada la forma de su seta o carpóforo.

enviaron expediciones. Dadas las propiedades de muchas de las moléculas presentes en los hongos, no es de extrañar que a algunos ejemplares se les atribuyesen poderes rejuvenecedores especiales. Por poner un ejemplo, hoy en día sabemos que la *Ganoderma lucidum*, una de las especies que se encuentran dentro del repertorio de la medicina tradicional china, produce el ácido ganodérico, una sustancia similar a las hormonas esteroideas. Otros hongos tendrían probablemente propiedades alucinógenas, de modo que a los ambiciosos e intrépidos gobernantes pudo parecerles que su consumo les otorgaba más lucidez, fuerza y agilidad.

Por otra parte, e inspirándose en la mitología, que hablaba de alimentos como la ambrosía, de la que disfrutaban los mismísimos dioses, ciertos autores del mundo grecorromano comenzaron a especular con la existencia real de lugares donde determinadas sustancias combatirían activamente el envejecimiento. Esto dio lugar al perdurable mito de la fuente de la eterna juventud. Así, en el siglo V a. C. el gran historiador y geógrafo griego Heródoto narraba cómo en cierta ocasión el rey de Etiopía mostró a los embajadores persas una extraña fuente de la que brotaba un «agua ligera» en la que nada flotaba, que empapaba al que se bañaba en ella como si hubiese sido untado «con el aceite más exquisito» y de la que se desprendía un «olor finísimo»[33]. A decir del cronista, en esta fuente podría encontrarse el secreto de la larga vida de los etíopes, de quienes su rey aseguraba que llegaban a vivir hasta los ciento veinte años, e incluso más. Asimismo, en el siglo II d. C., otro autor, el romano Claudio Bliano, explicaba que en la *Terra incognita* («tierra desconocida», aún por explorar), existía un río en cuyas orillas crecían árboles cuyos frutos desencadenaban en quienes los consumían el auténtico «efecto Benjamin Button»[34]. En efecto, en pala-

---

33   Heródoto, *Historias*. V. III, XXIII.
34   En el relato *The curious case of Benjamin Button*, Scott Fitzgerald narra la historia de un hombre que nace ya viejo y rejuvenece con la edad. En 2008

En su odisea, Ulises llega a la isla de la ninfa Calipso, la cual se enamora de él y le ofrece el alimento de los dioses, la ambrosía. Siete años permaneció en la isla hasta que Zeus se apiada de él y ordena, a través de Hermes, a Calipso liberar a su prisionero. Ella lo tienta con la inmortalidad pero el deseo de volver a casa de Ulises fue mayor.

bras de Bliano; «paulatinamente se rejuvenecía, pasando de la ancianidad a la edad viril, de esta a la juventud, y luego a la adolescencia y la niñez, hasta reducirse a la nada».

Durante la Edad Media, y sobre todo en la mente de los alquimistas, sustancias como el mercurio continuaron íntimamente asociadas al mítico elixir de la inmortalidad, un legendario preparado que, a decir de los adeptos, se obtenía a partir de las sucesivas operaciones de lavado y destilación que desembocaban en la transmutación de la materia. Este elixir, también conocido como «panacea», no solamente sería capaz de curar todas las enfermedades, sino que además garantizaba a sus usuarios la vida eterna. En su búsqueda de esta especie de agua mágica, los alquimistas árabes llegaron a descubrir importantes disolventes, mientras que tanto ellos como posteriores estudiosos de la ciencia hermética exploraban en el «espíritu» del vino —el alcohol— y en el mismísimo oro el secreto que les llevaría hasta el elixir. En concreto, el alcohol destilado fue bautizado como *aqua vitae* (agua de vida), y aunque pronto quedó demostrado que estaba muy lejos de ser la panacea, los monjes benedictinos hicieron pronto su agosto vendiendo toda suerte de licores. En cuanto al papel de los metales preciosos, alquimistas como Roger Bacon estaban convencidos de que disolviéndolos en agua regia[35] podía conseguirse el siempre elusivo elixir, aunque cabe preguntarse cuántos devotos de la «ciencia oscura» perdieron la vida o enfermaron gravemente intentando probar semejantes remedios.

Al encontrarse con los descubrimientos de sus colegas árabes, los alquimistas occidentales desarrollaron la idea de que tanto la piedra filosofal como el elixir podían haber sido hallados en Oriente hacía tiempo. Por eso, durante la Baja Edad Media circularon muchas leyendas acerca de leja-

---

se llevó a cabo una famosa adaptación al cine, protagonizada por Cate Blanchett y Brad Pitt.

35   Mezcla altamente corrosiva de ácido nítrico y ácido clorhídrico concentrados.

nas tierras en cuyo interior se escondían tanto el secreto de la transmutación como el de la eterna juventud. En el siglo XIV, por ejemplo, el gran misionero y explorador dominico Jordanus, fundador de la primera diócesis católica en la India, explicaba en sus *Mirabilia* que en aquel país había «una laguna y en medio de ella un árbol. Todo objeto metálico que cae en ella se transforma en oro; toda llaga tocada con una hoja de ese árbol queda inmediatamente sanada».

De igual modo, en 1356 se publicaba el *Libro de las maravillas del mundo,* en el que Juan de Mandeville, un personaje a todas luces ficticio, narraba cómo durante sus viajes llegó a beber varias veces del agua de una «fuente de la mocedad» que se decía curaba todas las enfermedades, sobre todo cuando se bebía de ella en ayunas. Otras tradiciones situaban la *Fons juventutis* en el mítico reino del Preste Juan, que muchos han identificado con Etiopía. Varios exploradores acometieron peligrosos viajes intentando alcanzar los lugares descritos en estas narraciones.

Por extraño que pueda parecer, y a pesar de que nadie parecía dar con el famoso preparado, los rumores acerca de personajes que habrían sido capaces de desentrañar el secreto del elixir se extendieron por todo el Occidente cristiano hacia finales del medievo. El caso más conocido es quizá el de Nicolás Flamel (ver capítulo anterior). Por otra parte, la creencia en la existencia de la elusiva fuente, que como hemos visto se remontaba por lo menos hasta los tiempos de Heródoto, se trasladó al Nuevo Mundo pocos años después de los viajes de Cristóbal Colón.

Al parecer, la leyenda americana tiene su origen en los relatos que los indígenas de las Antillas transmitieron a los primeros conquistadores acerca de las propiedades curativas de un surtidor de esta índole que se encontraría en la mítica isla de Bimini, situada más al norte. De acuerdo con estas historias, un jefe arahuaco llamado Sequene habría viajado hasta allí con un grupo de aventureros para no regresar jamás. La leyenda se extendió rápidamente por todo el Caribe, y en 1575, Hernando de Escalante Fontaneda, quien había vivido durante diecisiete años entre las tribus que habitaban la Florida, relataba en su *Memoria de las cosas y costa y indios de la Florida* los rumores acerca de una supuesta expedición llevada a cabo en 1513 por aquellas tierras por el explorador y conquistador Juan Ponce de León, en busca de las aguas curativas de un río perdido. Aunque el propio Fontaneda declaraba no creer demasiado en esta historia, la misma fue recogida en 1615 por Antonio de Herrera en sus célebres *Décadas* y, a partir de ahí, difundida por todo el planeta.

Según lo referido por Herrera, los caciques de la zona visitaban con frecuencia la fuente, cuyas aguas permitían incluso a los más ancianos recuperar todo el vigor perdido, «tomar una nueva esposa y engendrar más hijos». Los españoles, por su parte, habrían estado buscándola un poco por todas partes, sin ningún éxito. Sin embargo, y aunque no cabe duda de que Ponce de León mostró interés por la isla de Bimini, parece poco probable que el gran explorador dedicase muchos esfuerzos a la búsqueda de la fuente, aunque seguramente oyese hablar de ella e incluso llevase a cabo algún intento[36]. Pero, además de Herrera, otros cronistas como Fernández de Oviedo también dieron crédito a la curiosa historia y, de esta manera, la leyenda de los conquistadores que se lanzaron en busca de la fuente de la eterna juventud se extendió por toda Europa. Resultó ser tan cautivadora que ha llegado a instalarse en la memoria colectiva de la humanidad[37]. En Florida, en concreto, existen hoy en

---

36   Al parecer, Ponce nunca llegó a poner un pie en la famosa isla, aunque, de acuerdo con Herrera, envió a varios hombres que sí lo hicieron, si bien no encontraron ni rastro de la fuente (Herrera, Antonio: *Década* I, V IX, cap. XI, 1991: 581)

37   Aunque, al menos que sepamos, Ponce nunca dijo que estuviese buscando la fuente, se sabe que la leyenda influyó en otros conquistadores, como Vázquez de Ayllón o Cabeza de Vaca. En Europa, se extendió como la pólvora. Fue representada en *El jardín de las delicias* de El Bosco. En la actualidad, la ciudad de San Agustín, en Florida, tiene un parque dedicado a conmemorar la leyenda, a la que se ha hecho referencia en muchas sagas modernas, como la de *Piratas del Caribe*.

Ponce de León descubrió Florida y le otorgó ese
nombre por la cantidad flores que había o bien
porque llegó el día de la Pascua Florida.

día varios cientos de manantiales sobre los que los lugareños reclaman que se trata de la mítica fuente. La más conocida es la de Punta Gorda, de la que la gente bebe a diario, a pesar de que sus aguas contienen concentraciones de un isótopo radiactivo que emite casi el doble del límite aconsejado por las autoridades sanitarias. Cuando, por este motivo, el gobierno intentó cegar el manantial en 1986, se encontró con una oposición tan fuerte por parte del vecindario que al final decidió mantenerlo abierto instalando un cartel de advertencia.

Los continuos fracasos de alquimistas y exploradores a la hora de encontrar el tan buscado elixir no fueron óbice para que, incluso en una época tan tardía como el siglo XVI, algunos gobernantes chinos siguiesen obsesionados con este tipo de remedios, que en ocasiones resultaban mortales. Así, el emperador Jiajing, de la dinastía Ming, emulaba a su antiguo antepasado Qín Shǐ y fallecía a consecuencia de una dosis letal de mercurio, integrada en un elixir que ingirió por recomendación de sus alquimistas. Hasta nuestros días han llegado tratados chinos de alquimia, como el famoso *Danjing yaojue,* que incluyen todos los detalles de la preparación de «elixires de la inmortalidad», en los que sustancias como el mercurio, el azufre, el plomo o las sales de arsénico juegan un papel preponderante.

En el Celeste Imperio, la tradición del elixir era ya dos veces milenaria, e incluía rocambolescas historias, como el asesinato de la emperatriz Jia Nanfeng, a la que se forzó a beber un «vino con fragmentos de oro», o la costumbre del emperador Daowu de utilizar criminales convictos para llevar a cabo auténticos «ensayos clínicos» con elixires de la inmortalidad (algo que también practicó en su día el rey Mitrídates VI, del Ponto). Durante la dinastía Tang, al menos seis emperadores resultaron muertos debido al consumo de elixires, a pesar de lo cual en los siglos que siguieron la práctica salió de palacio y se extendió entre cualquiera que pudiera costearse uno. La letal tradición continuó su predominio hasta bien entrado el siglo XVIII, cuando el emperador Yongzheng, de la dinastía Qing, fue el último en caer de entre la larga lista de gobernantes embaucados por la fascinación del elixir desde la época de Qín Shǐ Huáng[38].

En Occidente, mientras, las cosas habían cambiado mucho, dado que la Revolución científica y la Ilustración habían enterrado la alquimia para siempre, y con ella el elixir. Lejos quedaban historias como la de Diana de Poitiers, la amante de Enrique II, que tomaba un remedio a base de oro para no envejecer y en cuyo pelo se han encontrado cantidades del precioso metal quinientas veces superiores a las normales. La palabra «elixir» seguía utilizándose con profusión para describir todo tipo de remedios con supuestas propiedades cosméticas o medicinales, pero ya casi nadie hablaba de prolongar la vida, y mucho menos de conseguir la inmortalidad, y ello a pesar de la persistencia de historias como la del conde de Saint Germain (ver capítulo anterior), de quien se decía que no envejecía gracias a un misterioso preparado que él mismo fabricaba.

Pero la ciencia moderna avanzaba a pasos agigantados, descubriendo nuevas sustancias y energías con propiedades sorprendentes, algunas de las cuales parecían desafiar a la mismísima muerte. Así, por ejemplo, los experimentos llevados a cabo por Luigi Galvani a partir de 1780, en los que provocaba contracciones musculares en animales muertos mediante la aplicación de corrientes eléctricas, llevó a muchos a preguntarse si tal vez el mítico fluido de la vida eterna no sería otro que la misteriosa forma de energía conocida como electricidad. Galvani había descubierto por casualidad un extraño fenómeno mientras trasteaba con la pata de

---

38   Existe una curiosa teoría según la cual algunos emperadores chinos creían en los efectos del elixir debido a que los cadáveres de dignatarios que habían consumido estas sustancias en vida parecían conservarse mejor. La idea podría no andar desencaminada, ya que es muy probable que las sales de mercurio o arsénico contribuyan a esterilizar en cierta medida los cuerpos de los difuntos, tal y como vimos en el caso de la Dama Dai.

una rana que colgaba de un gancho de bronce. Sin querer, el médico italiano toco el gancho con el bisturí que estaba utilizando y la inesperada descarga de electricidad estática hizo que la pata se contrajese de forma espontánea. Muy sorprendido, Galvani repitió el experimento muchas veces, en estos casos adrede, llegando a la conclusión de que lo que él llamaba «electricidad animal» era el secreto que se encontraba detrás del milenario concepto de «fuerza vital».

Con sus extraordinarios y macabros experimentos —entre otras cosas, se dedicaba a hacer bailar cadáveres humanos, electrocutándolos—, Galvani inauguró una nueva ciencia, la neurofisiología, que descartaba para siempre el concepto de que los nervios formasen una red de transporte de fluidos, vigente desde los tiempos de Descartes. Por otro lado, varias de sus ideas eran erróneas, y su identificación, sin más, de la electricidad con la fuerza que hacía moverse los músculos, desembocó en una corriente de opinión que duró varias décadas, basada en la esperanza de que quizá se pudiese resucitar a la gente mediante la aplicación de descargas externas de energía.

Ciertamente, la idea de la reanimación galvánica no parecía descabellada. En efecto, si descargas de poca magnitud eran capaces de mover unos músculos, ¿no podría una carga lo suficientemente potente devolverle la «fuerza vital» al cuerpo entero? Aunque no de forma explícita, esta posibilidad se encuentra detrás del argumento de *Frankenstein o el moderno Prometeo*, la sensacional novela de terror gótico de Mary Shelley, en la que su protagonista crea un nuevo ser vivo a partir de distintas partes de cuerpos diseccionados[39]. Con toda seguridad, la autora se inspiró en los famosos y

---

39   Aunque el protagonista declara sentirse fascinado por las tormentas eléctricas y también menciona las posibilidades que ofrece el galvanismo, en ningún pasaje de la novela se hace mención al uso de la electricidad para dar la vida al monstruo. La primera obra de ficción donde se menciona explícitamente la resurrección de una persona por medio de la electricidad es *El esqueleto del Conde o La amante vampiro*, de Elizabeth Caroline Grey, publicada en 1828.

Victor Frankenstein asustado por su creación.
Ilustración del frontispicio de la edición de 1831.

más que controvertidos espectáculos públicos con cadáveres de abanderados del galvanismo como el médico Andrew Ure o el excéntrico aficionado Andrew Crosse, un tipo que aseguraba ser capaz de crear pequeños animales de la nada mediante «electro-cristalización». Aunque todo esto no era más que charlatanería, hay que tener en cuenta que la electricidad en aquellos años era considerada como una energía enigmática y muy poderosa, con el aura de ser capaz de lograr casi cualquier cosa. Para uno de los seguidores de Galvani, Johann Wilhelm Ritter, la vida no era de hecho más que electricidad de origen orgánico.

Sin embargo, con el tiempo, el galvanismo, la teoría según la cual un fluido eléctrico nervioso, producido por el cerebro, conducido por los nervios y almacenado en los músculos era responsable de todos nuestros movimientos y de toda nuestra existencia, fue abandonado por la ciencia, por lo que ese nuevo y aparentemente prometedor «elixir» de la vida también resultó ser un fiasco. La búsqueda de un método infalible para prolongar la vida languideció y, a pesar de todas las nuevas sustancias y las fascinantes energías que iban siendo descubiertas a lo largo del siglo XIX, casi nadie volvió a proponer que tal o cual producto pudiese garantizar la vida eterna.

Quizá, lo más parecido a algo de este tipo fue lo sucedido en las décadas que siguieron al descubrimiento de la radiactividad, cuando salieron al mercado un buen número de preparados basados en agua radiactiva con supuestas propiedades medicinales. Según aseguraba un tal Dr. Davis, por ejemplo, «la radioactividad previene la locura, despierta nobles emociones, retrasa el envejecimiento y da lugar a una vida espléndida, juvenil y dichosa». Por su parte, la publicidad del carísimo dispensador de agua radiactiva conocido como Revigator afirmaba que «…la familia dispone de dos galones de auténtica, saludable agua radiactiva… la vía natural hacia la salud». Otro producto, el Radithor, era anunciado como «una cura para los muertos vivientes», cuando en realidad se trataba de un preparado altamente tóxico que ocasionó varias muertes a lo largo de la década de los treinta del siglo XX.

Algunos intentos adicionales de naturaleza siempre extravagante tuvieron lugar también por esas fechas, cuando al cirujano francés de ascendencia rusa Serge A. Voronoff le dio por injertar finas láminas de tejido testicular de monos jóvenes en las respetables partes de cientos de millonarios que podían pagar el tratamiento, con el fin de rejuvenecerlos. Voronoff estaba fascinado con los viejos experimentos de Charles-Édouard Brown-Séquard, el fisiólogo que creía ciegamente que el envejecimiento se debía principalmente a un déficit de hormonas y que a finales del siglo XIX había sugerido que una inyección de extracto de testículo de cobayas y perros podría prolongar la vida humana. Tras llegar a la conclusión de que los achaques de los eunucos se debían básicamente a que estaban castrados, el intrépido Serge había comenzado sus propias pruebas en animales. Una vez se hubo convencido de la utilidad de su técnica, intentó trasplantar a sus primeros clientes testículos de jóvenes criminales ejecutados, pero al aumentar la demanda se pasó a los monos y llegó a montar una granja para criarlos en plena Riviera italiana.

Por extraño que pueda parecer, al principio convenció a muchos de sus colegas, hasta que los más sensatos se lo pensaron mejor y terminaron por darle la espalda. Hacia el final de su vida, Voronoff tuvo la esperanza de que la recién descubierta testosterona pudiese apoyar de algún modo sus postulados, pero pronto quedó muy claro que la hormona masculina por excelencia no servía para prolongar la vida, y los extraños experimentos del excéntrico cirujano cayeron para siempre en el olvido[40].

---

40   Los experimentos de Voronoff incluyeron, entre muchas otras lindezas, el trasplante de ovarios de mujeres a hembras de mono con objeto de intentar fecundarlas con esperma de varón humano.

Podría pensarse, por tanto, que la electricidad, la moda radiactiva y los extractos de testículo de mono fueron los últimos coletazos del antaño mítico elixir, pero nada más lejos de la realidad. Por alguna razón, los humanos gozamos de una especial querencia por la magia y los milagros, métodos con los que esperamos obtener un rápido y extraordinario beneficio más bien con poco esfuerzo, y la ciencia moderna no ha conseguido cambiar eso. Antes bien, los maravillosos descubrimientos de los últimos cincuenta años en materia de biología molecular no han hecho sino alimentar las esperanzas del gran público en la aparición de una «bala mágica», un medicamento de poder incontestable capaz de detener el envejecimiento por sí solo, como si hubiese una única molécula capaz de alterar el delicado entramado de reacciones químicas que se esconde detrás de los cambios que experimenta un ser vivo a lo largo de su existencia. Así, la fuente de la juventud o el elixir de la vida vienen siendo sustituidos en los últimos tiempos por toda suerte de moléculas más o menos milagrosas, que embaucadores de nuevo cuño y empresas avispadas venden a los incautos como la solución a todos sus problemas de salud o de cosmética.

El *modus operandi* de los nuevos alquimistas no está muy alejado del que empleaban los charlatanes siglos atrás: primero se busca una molécula que haya tenido algún tipo de efecto, aunque sea mínimo, en algún animal, sin importar demasiado que se trate de un gusano o de una mosca. A continuación, se extrapolan esos efectos al ser humano, da lo mismo que se hayan comenzado ensayos clínicos o no. Finalmente, se lanza una publicidad masiva sobre las bondades del producto, y listos. Y si no, que le pregunten a la industria de la cosmética, que lleva décadas hablando de los milagros que producen en la piel cosas tan extravagantes como el extracto de caviar o el de madera de secuoya.

En este sentido, una de las moléculas que se han puesto de moda en los últimos tiempos es la melatonina (N-acetil-5-metoxy-triptamina). Esta es una hormona natural sinteti-

El resveratrol se encuentra en uvas y productos
derivados como mostos y vino tinto.

zada mayoritariamente en la glándula pineal, sobre todo por la noche. Tiene propiedades antioxidantes y juega un papel crucial en la regulación del ritmo circadiano. En los humanos, su producción disminuye con la edad, notablemente a partir de los treinta o treinta y cinco años, y ese descenso ha sido asociado repetidas veces con la aparición de problemas relacionados con el envejecimiento. De hecho, la extirpación de la glándula pineal provoca que los ratones vivan menos, mientras que el suministro de la hormona a los roedores parece protegerles de determinados tipos de cáncer provocados por la radiación ionizante o por ciertos productos químicos. Además, algunos tratamientos experimentales en mujeres en fase premenopáusica parecen prometedores.

Por tanto, para qué queremos más. De ahí a convertir esta molécula en una panacea para combatir el envejecimiento y las enfermedades, falta solamente un paso, uno que gustosamente han recorrido muchas personas que buscan afanosamente suplementos de melatonina para complementar su nutrición. De nada sirven los avisos sobre los incuestionables efectos secundarios de la hormona (infertilidad, hipotermia, daños en la retina, disminución de la libido en el varón, hipertensión, diabetes, cáncer, depresión, etc.), ni el hecho de que la mayoría de los estudios sobre su eventual impacto en la prolongación de la vida hayan dado resultados contradictorios, tanto en ratones y ratas como en moscas y gusanos. Si el suministro controlado de melatonina en adultos mayores de cuarenta años puede tener algún tipo de efecto beneficioso para la salud, es algo que todavía está por ver, aunque a los vendedores de humo les cueste tanto esperar. Mientras tanto, la única aplicación actual real de la hormona es su utilización como regulador del sueño en ciertos tipos de trastornos, que no en todos.

Entre los nuevos productos supuestamente milagrosos, el otro gran protagonista de los últimos años es el resveratrol (3, 5, 4'-trihidroxi-trans-estilbeno), presentado en todas partes como un auténtico paladín del antienvejecimiento.

Se trata de una molécula utilizada por algunas plantas para defenderse de los hongos y las bacterias. Es bastante abundante en la piel de las uvas, así como en las moras y las frambuesas. Esta sustancia era relativamente poco conocida hasta que un buen día del año 2003 se publicó un artículo en la famosa revista *Nature,* en el que se aseguraba que el resveratrol activaba las sirtuinas en células de levadura. Dado que las sirtuinas son una clase de enzimas que afectan al metabolismo celular y que han sido asociadas, también de forma controvertida, con la ralentización del envejecimiento, a partir del mencionado artículo se ha producido una auténtica avalancha de productos dietéticos y cosméticos que aseguran contener dosis eficaces del nuevo elixir de la juventud. De paso, se han fundado docenas de *startups* dedicadas al tema y se ha desatado una poco edificante guerra entre compañías farmacéuticas que se tiran los trastos a la cabeza, subvencionando estudios que ensalzan su producto y ponen a caldo los de la competencia. Incluso la industria ha jaleado abiertamente el consumo de vino tinto, sin reparar en que habría que trasegar muchas botellas diarias para alcanzar concentraciones de resveratrol comparables a las de los estudios.

Por lo demás, y más allá de los modelos animales y de ciertos resultados preliminares acerca de su impacto positivo en el caso de algunas enfermedades metabólicas, no existen pruebas fehacientes de que la ya célebre molécula tenga grandes efectos sobre la salud de las personas, mucho menos de que vaya a retrasar el envejecimiento, entre otras cosas porque los estudios que la ligaban con la activación de las sirtuinas han sido abiertamente cuestionados.[41]

La melatonina y el resveratrol, junto con alguna otra sustancia, son los principales herederos modernos del viejo y

---

41   Aunque no está ni mucho menos descartado, el propio papel de las sirtuinas como reguladores del envejecimiento es objeto de un intenso debate, a pesar de lo cual la industria de los productos asociados al resveratrol factura decenas de millones de dólares al año.

legendario elixir. Pero, al igual que en tiempos sucedió con el jade, el oro o el mercurio, estas moléculas no solamente no previenen el envejecimiento, sino que pueden dar lugar a muchos inconvenientes. Por ejemplo, el consumo de la somatropina (hormona del crecimiento recombinante) por parte de adultos sanos sin deficiencia hormonal, otra de las prácticas que se han puesto últimamente de moda en algunos círculos antienvejecimiento, además de no estar sustentado por la evidencia científica, puede ocasionar graves efectos secundarios, tales como la retención de líquidos, rigidez y dolor en las articulaciones, hiperglucemia, hipotiroidismo, hipertensión intracraneal, acromegalia e incluso posiblemente cáncer. Además, es carísimo.

Hay que tener en cuenta que el deterioro del cuerpo con la edad es un proceso con tantas vertientes que resulta muy improbable que una única sustancia pueda contener el secreto de cómo combatirlo. Con el tiempo, es muy posible que la ciencia dé con los métodos para alargar la vida humana de forma significativa, y es bastante concebible que entre esos procedimientos se encuentre el suministro de nuevos fármacos, pero casi con seguridad el éxito vendrá de toda una combinación de esfuerzos que involucren numerosos factores, y no de un solo producto individual. Y es que, a pesar de nuestros deseos, las cosas nunca son fáciles, y pueden ustedes apostar a que no existen ni atajos ni «balas mágicas» para lograr vivir mucho más.

Así que ya sabe, no se deje embaucar por el universo *anti-aging* y sus atractivos cantos de sirena. Aunque, a decir verdad, lo que usted y yo hagamos no impedirá que la gente siga creyendo en milagros, ni que la búsqueda del milenario elixir de la inmortalidad, con todas sus promesas de belleza y eterna juventud, continúe grabada a fuego en la mente de los miembros de nuestra especie, pues, a fin de cuentas, puede que después de todo la mágica sustancia exista, aunque tan solo lo haga en esos mundos de ficción que tanto alimentan nuestras esperanzas y nuestros sueños.

Buscando envejecer tarde entre las criaturas del Señor

La naturaleza no hace nada superfluo, nada inútil, y sabe sacar múltiples efectos de una sola causa.
Nicolás Copérnico (1473-1543),
astrónomo polaco.

En el estado norteamericano de Utah, cerca del lago Fish, vive desde hace milenios un ser para el que las palabras «longevo» e «inmortal» adquieren un significado totalmente diferente. Pando («que se extiende»), también conocido como el *Gigante tembloroso,* es una colonia integrada por unos cuarenta y siete mil clones de álamo temblón que ocupan cuarenta y tres hectáreas, conectados a través de un único sistema de raíces que, a decir de los expertos, lleva en este mundo al menos ochenta mil años, puede que mucho más. Y no se trata, ni mucho menos, del único ejemplar de planta casi inmortal. De hecho, los investigadores han localizado alguna que otra forma de vida que podría ser más antigua que Pando, incluyendo un ejemplar de *Posidonia oceanica* de ocho kilómetros de largo, situada cerca de la isla de Formentera y a la que, con un ritmo de crecimiento de dos centímetros por año, se le adjudican unas cien mil primaveras (!). Por lo demás, en nuestro planeta existen muchos

ejemplares de árboles vivos que cuentan con miles de años de antigüedad. De entre todos, quizá el más famoso sea Matusalén, un pino de las montañas de California de 4841 años, es decir, más viejo que las pirámides[42].

El concepto que todos tenemos de las plantas como algo radicalmente diferente de los animales puede llevarnos a pensar que la longevidad de estos ejemplares tiene poco que ver con nosotros, pero lo cierto es que las células vegetales son muy parecidas a las nuestras, al menos en lo tocante a

---

42 La localización exacta de Matusalén es mantenida en secreto por la administración norteamericana, con objeto de protegerlo del público.

El *Gigante tembloroso* en Utah.

su metabolismo y a su reproducción. Entonces, ¿por qué los animales parecen vivir mucho menos? Pues porque corren, nadan y vuelan, lo que conlleva un gran consumo de energía e impide que, por lo general, sean muy grandes. Su veloz metabolismo, que conlleva mucho desgaste, y su difícil supervivencia en un medio muy hostil, hacen que la evolución los condene a vivir deprisa y a morir rápido, nada más reproducirse. Eso le permite a la especie adaptarse continuamente al medio, eludiendo en lo posible la extinción. Algunas plantas, por el contrario, pueden llegar a ser gigantescas, ya que no tienen que moverse, y su enorme tamaño las deja virtualmente sin depredadores, razón por la cual no tienen ninguna prisa en evolucionar. Por eso, puede permitirse que sus individuos vivan durante mucho más tiempo.

Por otra parte, la falta de movilidad de las plantas las hace enfrentarse tarde o temprano con agentes que atentan contra la integridad de su genoma, y quizá por eso han desarrollado mecanismos de control a nivel molecular que permiten detectar y reparar el ADN dañado de una forma peculiar, deteniendo el ciclo celular antes de la mitosis y reduciendo así en gran medida la tasa de mutaciones perjudiciales. Estos mecanismos parecen ser especialmente activos en las llamadas células organizadoras o quiescentes, una población que controla la producción de sus primas de los meristemos (análogo vegetal de las células madre) que luego se diferencian en todos los tejidos del organismo. Es como contar con un pequeño *stock*, guardado con tanto celo que solo se echa mano de él cuando es realmente imprescindible, lo que permite conservar el ADN original de la planta virtualmente intacto durante mucho tiempo. Los vegetales, por lo demás, utilizan sus células madre siguiendo una estrategia distinta, ya que, a diferencia de lo que sucede con los animales, las mantienen «totipotentes»[43] mucho más allá del periodo de desarrollo embrionario, integrándolas dentro de todos los tejidos del cuerpo.

Por desgracia, nosotros no contamos con los mismos mecanismos que los vegetales para blindarnos contra el paso del tiempo, entre otras cosas porque desarrollamos la pluricelularidad a través de caminos diferentes, de modo que estamos menos protegidos que nuestros parientes sedentarios. Pero, por supuesto, esto no quiere decir que no haya excepciones. De hecho, las distintas especies de animales se caracterizan porque la duración de la vida de sus miembros varía mucho de unas a otras. Así, mientras que algu-

---

43   En los animales adultos, las poblaciones de células madre han perdido la capacidad de transformarse en cualquier tipo celular (totipotencia) y tienen una versatilidad mucho más limitada, restringida a la regeneración de algunos tejidos y a la producción de células sanguíneas.

nos insectos duran tan solo unos días (algunos incluso unas horas), hay almejas que viven cientos de años· Como ejemplo de esto último, en 2006 un equipo de investigadores británicos encontró un ejemplar de almeja de Islandia (*Arctica islandica*) de 507 años, que fue bautizada como Ming, en referencia a la dinastía que gobernaba en China cuando nació, siete años después de que Colón descubriese América.

Por el contrario, entre los insectos quizá uno de los casos más extremos sea el de las efímeras (del griego bizantino *ἐφήμερος*, «de un día»), esos animalitos acuáticos que cuando se convierten en adultos se dedican tan solo al sexo, después de lo cual mueren inmediatamente. Tanto es así que los miembros de una especie de este género, la *Dolania americana*, apenas cuentan con unos minutos, en los que ni siquiera comen y solamente vuelan para aparearse. Comparado con esto, la semana que llega a vivir un mosquito debe parecerles a las delicadas efímeras toda una eternidad.

En ocasiones, las diferencias se muestran incluso entre los miembros de la misma especie. Las abejas reina, por ejemplo, gozan de su propio «elixir de la inmortalidad», que no es otro que la jalea real con la que se las alimenta[44]. Mientras que el resto de sus compañeras envejecen y mueren en cuestión de semanas, el alimento aristocrático desencadena una serie de cambios en la expresión génica de las células de la reina que la llevan no solo a convertirse en una prolífica hembra reproductora, sino que también la vuelven temporalmente inmortal, pudiendo llegar a vivir incluso durante décadas. Su pacto con el diablo únicamente finaliza cuando pierde la fertilidad, momento en que las hasta entonces sumisas obreras la «apuñalan» hasta la muerte. La realeza femenina de otro tipo de insectos, las voraces termitas, también goza de una larga vida, aunque en este caso los responsables parecen

---

44   La jalea real no es más que una disolución de un buen número de
      sustancias que, quizá por su asociación con la larga vida de las abejas
      reina, se vende mucho como suplemento dietético, a pesar de que carece
      de valor terapéutico alguno para los humanos.

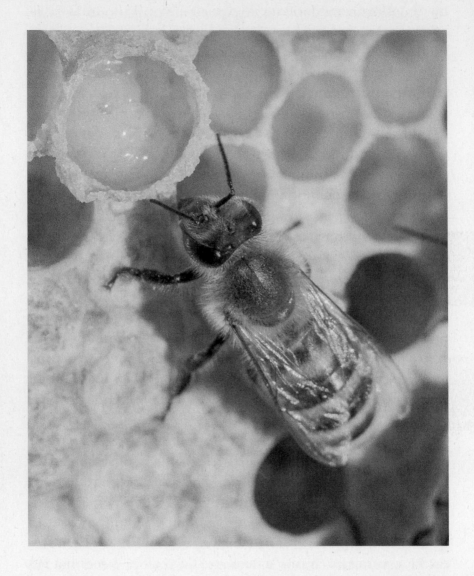

Apis mellifera.

ser dos genes que expresan niveles comparativamente elevados de dos enzimas cuyo efecto es una reducción considerable en el daño oxidativo que experimentan las células de la afortunada monarca.

Pero no solo la duración de la vida muestra en los animales este rango tan extenso, sino que, por extraño que pueda parecer, también el patrón de deterioro con la edad presenta una asombrosa diversidad. En algunos casos, por ejemplo, el organismo envejece a un ritmo casi constante, como pasa con la mayoría de los lagartos y de los pájaros, mientras que en el caso de los humanos o de algunos peces tropicales un deterioro al principio muy lento se acelera al final de forma dramática. Por eso, en nuestro caso la mortalidad aumenta drásticamente a partir de los ochenta u ochenta y cinco años, aproximadamente. Curiosamente, nuestro modo de envejecer se parece más al de un gusano de laboratorio que al de un chimpancé. Otros animales muestran un perfil aún más raro, como es el caso de algunas tortugas, almejas o tiburones, cuya mortalidad desciende con el paso del tiempo, o la de algunas medusas, que no parecen envejecer en absoluto.

Algo similar cabe decir de la fertilidad, una característica muy asociada al envejecimiento, que en algunas especies se incrementa con la edad, contra todo pronóstico. De hecho, la relación entre mortalidad y pérdida de la fertilidad es también muy voluble, pues mientras las mujeres sobreviven varias décadas a la menopausia, los salmones fallecen poco después de reproducirse por causa de una auténtica explosión de esteroides, en un curioso ejercicio de comprobación de cómo el deterioro de un ser vivo está dirigido desde el interior. En estos animales, los glucocorticoides segregados por sus glándulas adrenales ocasionan un envejecimiento acelerado, colapsan el sistema inmunitario, atrofian los riñones y provocan lesiones en las arterias que recuerdan aquellas que se producen en nuestros ancianos.

Pero, por increíble que parezca, todavía existe en la naturaleza una posibilidad aún más fascinante, la de «envejecer al revés». En efecto, y cual si se tratase del ya mencionado Benjamin Button, la medusa *Turritopsis nutricola* es capaz de transformarse de nuevo en un pólipo en cualquiera de las etapas de su vida, incluso después de haber alcanzado la madurez sexual. Como, teóricamente, el ciclo puede repetirse de forma indefinida, podría decirse que esta medusa es prácticamente inmortal (algunos investigadores sospechan que puede llegar a vivir la friolera de 1500 años), si no fuese porque sirve de alimento a muchos depredadores. Su reconversión en un «bebé medusa» sigue el proceso inverso al de la diferenciación celular pues, de alguna manera, las células de la *nutricola* se reprograman de forma espontánea para convertirse de nuevo en células madre, con la capacidad de volver a generar el mismo organismo adulto.

Aunque parece que semejante característica es exclusiva de esta medusa dentro del reino animal, hay un escarabajo, *Trogoderma glabrum,* que utiliza un truco parecido cuando se

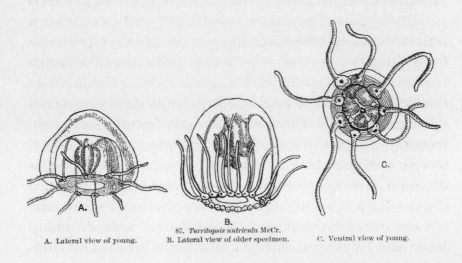

87. *Turritopsis nutricula* McCr.
A. Lateral view of young.   B. Lateral view of older specimen.   C. Ventral view of young.

Turritopsis nutricola. A. Vista lateral de un ejemplar joven. B. Vista lateral del espécimen más antiguo. C. Vista central de los jóvenes.

120

le mata de hambre durante sus fases de larva. En este caso, el escarabajo revierte a una etapa anterior hasta que vuelve a encontrar comida, momento en el cual vuelve a desarrollarse normalmente. El proceso puede llevarse a cabo varias veces, aunque aparentemente al pobre bicho cada vez le cuesta más tiempo recuperarse de nuevo, por lo que es muy posible que se trate de un mecanismo del que no conviene abusar. En cualquier caso, experimentos de laboratorio han conseguido de esta manera extender hasta dos años la vida de un animal que en condiciones normales no viviría más allá de ocho semanas.

Además, sin llegar a hacer cosas tan extravagantes como la medusa o el escarabajo, otros animales combaten también el envejecimiento de una forma muy eficaz. Es el caso de la hydra, ese cnidario con forma de tubo terminado en una boca rodeada de tentáculos al que le da igual reproducirse tanto sexual como asexualmente, y que vuelve a desarrollar cualquiera de sus miembros cuando lo cortas, al igual que el monstruo mitológico que lleva su nombre. De hecho, si invade tu pecera más te vale no frotar las paredes a lo loco si no quieres presenciar una multiplicación explosiva de estos bichos. Del mismo modo que hacemos nosotros con las células de la piel o de la sangre, el diminuto animal acuático regenera sus tejidos continuamente, pero a diferencia de los humanos, la hydra lo hace con *todos,* independientemente de su función o de dónde se puedan encontrar. Como consecuencia, no parece envejecer en absoluto, y una vez más el secreto parece residir en el *modus operandi* de sus versátiles células madre, que pueblan la totalidad del organismo. En el fondo, una hydra es una especie de embrión permanente.

Como resulta evidente, este panorama pone de manifiesto que el envejecimiento y la muerte son propiedades íntimamente ligadas a la programación genética del organismo, que en última instancia no es más que una consecuencia de su adaptación al medio. Por este motivo, y como luego veremos en detalle, tiene poco sentido pretender retrasar significativamente el deterioro de un cuerpo humano, salvo que lleguemos a ser capaces de modificar dicha programación. Tal y como vimos en el capítulo anterior, ello elimina por completo la posibilidad de que exista un remedio milagroso, un elixir de la juventud como aquel con el que soñaban los alquimistas medievales, o un medicamento que por sí solo pueda resultar eficaz a la hora de prolongar nuestra vida. Únicamente la reestructuración de nuestros genes y de la forma en la que se expresan podría llegar a conseguirlo, haciendo que nuestro patrón de envejecimiento se pareciese más al de un pino o al de un bogavante.

Con respecto a este último, hay que decir que muchos crustáceos muestran también un desarrollo anómalo asociado a un crecimiento aparentemente indefinido. Las langostas americanas, por ejemplo, lejos de debilitarse con la edad, se hacen más grandes, más fuertes, y más fértiles, algo parecido a lo que reza el emblema olímpico. Además, su metabolismo no se ralentiza. Eso no quiere decir, como erróneamente se ha publicado a veces, que sean inmortales, entre otras cosas porque su capacidad de mudar de caparazón se resiente con la edad, terminando por matarlas, pero lo cierto es que se desconoce con certeza cuanto pueden llegar a vivir. En 1977, se capturó en Nueva Escocia un ejemplar enorme que pesaba más de veinticuatro kilos y medía más de un metro de largo, y no pasa año donde no se atrape alguno de tamaño descomunal.

Esto es interesante porque, si bien podría pensarse que las medusas o las esponjas (*Cinachyra antarctica* o *Scolymastra joubini*[45] también tienen lo suyo) son organismos demasiado alejados de nosotros como para que su estudio nos resulte de mucha utilidad, el análisis de las langostas y de sus parientes podría darnos alguna pista de qué es lo que les hace tan resistentes al paso del tiempo. Y dado que los mecanismos

---

45 Un ejemplar de esta última, descubierto en el mar de Ross, podría tener una antigüedad de más de seis mil años.

celulares internos de un crustáceo y un mamífero son muy parecidos, tal vez de ello podrían derivarse indicios acerca de qué procesos concretos deberíamos investigar si queremos prolongar la duración de la vida humana.

Ahora bien, ¿por qué curiosear en un primo lejano si podemos hacerlo en casi un hermano? Porque resulta que el ratopín rasurado (*Heterocephalus glaber*), un roedor muy feo natural del Cuerno de África que prácticamente carece de pelo como bien indica su nombre, no solamente puede llegar a vivir hasta los treinta años, un auténtico matusalén entre los de su género, sino que parece extraordinariamente resistente al cáncer, incluso cuando los taimados investigadores se lo intentan provocar adrede. Los estudios han mostrado que las células de esta rata contienen una rara variedad de ácido hialurónico (un polisacárido de función estructural con ciertas propiedades antioxidantes y profundamente implicado en los procesos de proliferación celular), así como una mutación genética que parece desencadenar en las células cancerosas el mismo mecanismo de «inhibición por contacto» que impide que las células normales se sigan dividiendo cuando se topan con un vecino. Pero, además, la también llamada rata topo desnuda fabrica proteínas con muy pocos errores (y cuando los tienen las elimina de forma muy eficaz) y es capaz de sobrevivir casi media hora sin oxígeno, reduciendo su ritmo cardíaco y cerrando los canales de calcio de sus neuronas, el mismo mecanismo que protege de la hipoxia a los bebés recién nacidos[46]. Parece ser que en condiciones extremas el asombroso animal utiliza una ruta metabólica poco frecuente en las células de los mamíferos y más asociada con las plantas.

Por lo demás, se trata de un mamífero con costumbres muy raras, en cierto modo parecidas a las de las abejas, con una «reina» que es la única hembra que se reproduce en

---

46   En el resto de los mamíferos este mecanismo se desactiva poco tiempo después, durante las primeras fases del crecimiento.

la colonia, mientras que en el caso de los machos lo hace uno de cada tres. Además, es el único de «sangre fría», es decir, que en lugar de regular su temperatura corporal simplemente adopta la de su entorno, como si fuese un lagarto. Y, por si fuera poco, su piel es insensible a ciertos tipos de dolor debido a la falta de un importante neurotransmisor. Todas estas peculiaridades se atribuyen a la adaptación del ratopín a un entorno subterráneo bastante hostil, caracterizado por bajos niveles de oxígeno y altas concentraciones de dióxido de carbono debidas a la pobre ventilación, así como una escasez de comida, a la que el animal responde reduciendo notablemente el ritmo de su metabolismo. No está muy clara la relación de todo esto con la notable longevidad del poco agraciado bicho, pero la secuenciación y posterior

Ejemplar de ratopín joven.

análisis de su genoma han permitido descubrir, una vez más, elevados niveles de expresión de determinados genes que protegen contra el estrés oxidativo y reparan el ADN celular y mitocondrial.

No existen entre los vertebrados muchos casos tan llamativos como el del ratopín rasurado, aunque se han descrito ejemplares de peces —en concreto la carpa dorada y algún que otro tiburón— y de tortugas con edades superiores a los doscientos años. Entre los tiburones, la palma se la lleva el de Groenlandia, también conocido como «tiburón dormido», un animal de desarrollo muy lento que no alcanza la madurez sexual hasta los ciento cincuenta años y que se cree que puede llegar a vivir más de cuatrocientos. En su caso, las bajas temperaturas del hábitat donde medra pueden ser responsables de un metabolismo ralentizado. En cuanto a las tortugas, es célebre el caso de Tu'i Malila («rey de los malila»), una tortuga de Madagascar (*Geochelone radiata*) fallecida en 1965 que había sido regalada por el capitán Cook al rey de Tonga en 1777. El más que longevo quelonio llegó por tanto a alcanzar casi los ciento noventa años, una cifra que sin duda despierta envidia. Más extremo aún parece el caso de otra tortuga que murió en el zoológico de Guiza, en el Cairo, hace tan solo unos años, y a la que se le ha estimado una edad de doscientos setenta.

Pero si hablamos de nuestros compañeros de clase, los mamíferos, tan solo los elefantes y algunos cetáceos (la ballena boreal, por ejemplo) se acercan o incluso superan los límites de edad de la especie humana. Se ha dicho a veces que las aves y los mamíferos, animales de sangre caliente, tienen una tasa metabólica demasiado alta como para que duren mucho, pero la verdad es que hay aspectos como el tamaño o la capacidad de vuelo que influyen bastante más, ya que tienen que ver, como siempre, con la exposición del animal a los depredadores.

En este sentido, los animales pequeños, rodeados de peligros, tienen que reproducirse rápidamente o corren el riesgo de no poder hacerlo. Por eso, recordemos, viven deprisa y mueren pronto. En cambio, tanto a los paquidermos como a las ballenas les pasa como a los grandes árboles, tienen tan pocos enemigos que pueden tomarse la vida con calma, permitirse el lujo de gestar y criar lentamente a sus crías, y llegar a vivir bastante más. Por descontado, la inteligencia y el comportamiento social de los primates tiene también mucho que ver con la escasez de contrincantes, y quizá por ese motivo nosotros también disfrutamos de una longevidad inusual.

El caso de los elefantes es particularmente interesante, porque se trata de una especie que dentro del mundo de los mamíferos experimenta una incidencia del cáncer sorprendentemente baja. Es sabido que los animales grandes y longevos desarrollan mecanismos moleculares de protección contra los defectos sobrevenidos en el ADN que son más frecuentes a largo plazo. Uno de esos sistemas tiene como elemento fundamental el famoso gen p53, que entre otras cosas tiene un papel protagonista en el control de la proliferación de las células cancerosas. De hecho, las mutaciones que afectan a este gen están detrás de muchas enfermedades de este tipo. Pues bien, mientras que las personas tenemos dos copias, una heredada del padre y otra de la madre, los elefantes tienen veinte, una cifra que sin duda les blinda contra cualquier perturbación, haciendo que la incidencia entre ellos del temido grupo de enfermedades no supere el 3 %.

Ahora bien, aunque sería muy agradable disfrutar de esta peculiaridad del elefante, de las habilidades de la ya célebre rata o de la fortaleza de la langosta americana (por no hablar de la «marcha atrás» de la inefable medusa o del escarabajo), la verdad es que la inmortalidad no consiste solo en ralentizar el envejecimiento o eludir el cáncer, sino también en ser resistente a las amenazas del exterior. En este sentido, algunos microbios tienen mucho que enseñarnos, no en vano llevan por aquí varios eones antes que nosotros. En su camino para conquistar el planeta, se han adaptado casi a cualquier cosa que podamos imaginar, desarrollando mecanismos para protegerse de situaciones en las que nosotros no tendríamos la más mínima posibilidad.

Algunos de estos pequeños titanes pertenecen al grupo de los llamados «extremófilos»[47], un tipo de microorganismos acostumbrados a vivir en sitios muy raros. Como botón de muestra, valga el que los primeros fueron descubiertos entre las aguas termales del parque nacional de Yellowstone, en Estados Unidos, respirando azufre y resistiendo temperaturas de hasta 80 °C. A partir de entonces, la lista de extravagancias asociadas a estos seres no ha parado de aumentar, incluyendo, entre otras, la capacidad de vivir casi sin agua, la de hacerlo sumergidos en ácido o completamente rodeados de sal, la de aguantar condiciones de temperatura o presión extremas, la de comer piedra (literalmente) o la de sobrevivir en las paredes de un reactor nuclear.

Hasta el momento, se han encontrado extremófilos vivos a varios kilómetros por debajo de la superficie terrestre, a 11.000 metros bajo el mar e incluso en los lugares más inhóspitos de la Antártida, Siberia o Groenlandia, sepultados bajo toneladas de hielo, prácticamente sin comida, oxígeno ni agua, a pesar de lo cual algunas colonias cuentan con decenas de miles de años de antigüedad. Uno de estos microbios, *Deinococcus radiodurans*, apodado por los científicos como «Conan[48]», repara su ADN con tanta eficacia que resulta prácticamente inmune a dosis extremadamente letales de radiación, por no hablar de que también es capaz de sobrevivir en el espacio vacío y en condiciones de sequedad absoluta. Tal es la capacidad de aguante de este organismo que se ha especulado con que una deficiente esterilización

---

47   La mayoría de los extremófilos pertenecen al reino de las arqueas, unos microbios que se parecen a las bacterias, pero que tienen un metabolismo y unas características muy diferentes. Por diversas razones, se cree que las arqueas son los organismos actuales que presentan más similitudes con los primeros seres vivos que surgieron en nuestro planeta.

48   Conan el Bárbaro es el forzudo y extraordinariamente resistente protagonista del mundo de espada y brujería creado por el escritor Robert E. Howard en 1932.

La bacteria *Aquifex aeolicus* es capaz de vivir a 95 ºC.

de las naves espaciales podría provocar la contaminación de un planeta como Marte por parte del incombustible extremófilo o de alguno de sus primos. También, que microorganismos similares podrían haber fertilizado la Tierra en un pasado lejano, procedentes de quién sabe dónde —una hipótesis conocida como panspermia.

En realidad, y a diferencia de lo que sucede con otros microbios que fabrican ciertos tipos de moléculas que les protegen de las agresiones del entorno, *Deinococcus radiodurans* sí que se ve afectado gravemente por la radiación, y hasta podría decirse que se muere, pero los mecanismos de reparación del ADN mencionados hacen literalmente que *resucite,* volviendo a ensamblar su destrozada estructura genética para que pueda renovar la síntesis de proteínas. ¿Podríamos llegar a importar semejantes mecanismos de supervivencia en las células de los seres humanos? Una vez más, podría pensarse que Conan y compañía son demasiado pequeños y simples como para que nos sirvan de ejemplo, pero, por fortuna para nosotros, no todos los superhéroes de la biología son organismos de una sola célula. Por ejemplo, algunos rotíferos, al igual que ciertos tipos de musgos, también parecen volver a la vida después de pasar meses sometidos a una completa desecación, aunque no está claro todavía si utilizan mecanismos similares al del extraordinario microbio.

Más interesante resulta el caso de los tardígrados, esos adorables «ositos de agua», que aunque miden medio milímetro y no pueden verse a simple vista son inimaginablemente más grandes y complicados que las bacterias, a pesar de lo cual su capacidad de resistencia ante la adversidad desafía toda descripción. En efecto, estos seres de ciencia-ficción pueden aguantar presiones miles de veces superiores a la de la superficie terrestre, sobrellevar temperaturas desde menos de doscientos grados bajo cero hasta casi ciento cincuenta por encima, y pasarse hasta una década entera sin probar una gota de agua. Asimismo, soportan bien la radiación ionizante, la inmersión en alcohol puro y hasta el vacío, siendo también candidatos a sobrevivir en el espacio exterior. ¿Que cómo lo hacen? Básicamente entrando en un estado de animación suspendida, o criptobiosis, en el que se deshidratan prácticamente del todo, reduciendo en gran medida, e incluso deteniendo por completo, su metabolismo. Así pueden aguantar varios años, después de lo cual se ponen de nuevo en marcha sin mayores problemas. En 2016, científicos japoneses consiguieron reanimar a unos ejemplares que llevaban la friolera de treinta años congelados.

¿Qué podemos sacar en limpio de todo este desfile de extrañas estrategias? ¿Hay algo de utilidad de cara a la posible prolongación de la vida humana, o se trata tan solo de una entretenida colección de rarezas que no contienen lección alguna para nosotros?

En honor a la verdad, algunos de los «sistemas antienvejecimiento» de los que se sirven los organismos aquí descritos parecen más fáciles de trasladar al ser humano que otros, al menos a priori. Por ejemplo, la milagrosa capacidad de *Turritopsis nutricola* para regresar a su estado embrionario no tiene ninguna pinta de poder ser reproducida en nuestra especie, de modo que un señor de sesenta y cinco años empiece a rejuvenecer hasta convertirse de nuevo en un niño o en un adolescente. ¿Por qué? Pues porque no es lo mismo reprogramar los relativamente sencillos tejidos de una medusa para que recupere la versión de pólipo que hacerlo en las complejas estructuras de un mamífero para que su desarrollo dé marcha atrás. Lo mismo sucede con la criptobiosis del tardígrado o con algunas características de sus colegas extremófilos[49], por no hablar del sistema de meristemos típico del mundo vegetal.

---

49 Recientemente, el polémico investigador ruso Anatoli Brouchkov ha asegurado que, tras inyectarse unas bacterias encontradas en 2009 en el permafrost siberiano, había experimentado un mayor vigor y resistencia a la gripe, y que algo parecido le había sucedido a la capacidad de crecimiento de unas plantas y a la de fertilidad de unos ratones. Conviene ser escéptico al respecto, pues se desconoce el mecanismo a través del cual

Sin embargo, otros mecanismos suenan más prometedores. Es el caso de los extraños patrones de envejecimiento de algunos vertebrados, cuyo estudio en profundidad podría desvelar algunas pistas acerca de cómo modificar la expresión de ciertos genes, con vistas a suavizar la aceleración del deterioro del cuerpo humano a partir de la tercera edad. De igual modo, al tratarse de un mamífero, el ratopín rasurado ofrece un modelo de estudio con muchas posibilidades, ya que su biología molecular es muy parecida a la nuestra, salvando las distancias que nos separan de los roedores. En ese sentido, cuestiones tales como el análisis del efecto que eventualmente pueden tener las largas moléculas de ácido hialurónico en la protección de los tejidos de este animal frente al cáncer podrían desembocar en algún tipo de estrategia para mejorar nuestra propia respuesta a la enfermedad. De este modo, y aunque resulta a todas luces ingenuo pensar que de las investigaciones llevadas a cabo en otros seres vivos vaya a desprenderse el secreto de la eterna juventud, bien podríamos beneficiarnos del descubrimiento de mecanismos moleculares que nos ayuden a retrasar la vejez, o a al menos a sobrellevarla en buen estado de salud.

Una atenta observación del mundo que nos rodea nos revela que el envejecimiento y la muerte, tal y como los conocemos, no son procesos universales que se llevan a cabo de una forma inexorable y siguiendo siempre el mismo patrón. Por el contrario, la naturaleza juega con ellos como le viene en gana, adaptándolos a las circunstancias de cada especie, sin que haya ninguna ley física que impida a un ser vivo comportarse como si fuese casi inmortal. El consumo de energía que requiere un organismo para mantenerse puede prolongarse indefinidamente, y los mecanismos para que ello sea posible fueron inventados hace muchísimos años por las fuerzas ciegas de la evolución. Solo es cuestión de tiempo

---

unas bacterias simplemente inyectadas pudiesen transferir sus supuestas capacidades a las células animales o vegetales.

Cartel promocional de la película *El curioso
caso de Benjamin Button*, 2008.

que los encontremos, nos familiaricemos con ellos y cambiemos el futuro de nuestra especie de una forma que, a día de hoy, no podemos ni tan siquiera imaginar.

Puede que nunca llegue usted a ser como Benjamin Button, pero, por si le sirve de consuelo, espero que la lectura de este capítulo le haya enseñado que en las pequeñas criaturas con las que comparte el planeta tal vez se encuentre la clave para que algún día sus hijos y sus nietos vivan comparativamente más y, desde luego, envejezcan mucho mejor.

El «soma desechable» y las islas de la longevidad

La replicación fue una manera de perdurar luchando contra la degradación temporal, una manera de hacerse eterno.
El gen egoísta, Richard Dawkins (1941-), biólogo británico.

Hacia 1900, la esperanza media de vida al nacer en un país como España no pasaba de los treinta y cinco años, una cifra que, sin embargo, ya ha superado los ochenta y que no para de crecer. Ello se debe a los extraordinarios avances en medicina y salud pública que han tenido lugar durante el último siglo, a pesar de los cuales la duración de la vida rara vez va más allá de los ciento diez o ciento quince años, un límite que no ha variado en absoluto a lo largo de toda la historia de la humanidad. Sencillamente, cada vez hay más gente que alcanza esas cifras (el número de centenarios en nuestro país se ha más que duplicado en los últimos quince años), pero sigue siendo extraordinario el poderlas superar. Como muestra, la francesa Jeanne Louise Calment (ver capítulo 4) sigue ostentando con 122 años el récord mundial oficial de longevidad, a pesar de haber muerto hace ya dos décadas.

¿Por qué no conseguimos cruzar esa especie de frontera, por más que mejoremos nuestra salud y redoblemos nuestros esfuerzos en conseguirlo? Una primera pista nos la da el hecho de que, tal y como hemos visto, cada especie de nuestro planeta parece tener su propio límite de edad, lo cual apunta a que la duración *máxima* de la vida de un organismo está de alguna forma codificada en sus genes. Estos se expresan en función de una intrincada programación, de modo que, por mucho que hagamos, el envejecimiento se desencadena dentro de nosotros de forma espontánea e inexorable. Las condiciones de vida en las que nos desenvolvemos, incluyendo cosas como el acceso al agua potable o a los tratamientos médicos, influyen mucho en este proceso; no en vano la esperanza de vida entre unos países y otros varía en más de treinta años, pero a igualdad de factores ambientales la genética reina sin discusión.

Esto mismo lo confirma el hecho de que, entre los propios humanos, se da la circunstancia de que las mujeres viven en promedio bastante más que los hombres. Por ejemplo, en Japón, el país con la mayor esperanza de vida del planeta, la cifra para las mujeres era en 2014 de 86,83 años, frente a los 80,50 de los hombres, y esta diferencia se mantiene, con más o menos variedad, en el resto del mundo. Asimismo, de los 14.487 centenarios censados en España en 2015, el 80 % eran mujeres. Podría pensarse que los varones son más propensos a la violencia física y al consumo de sustancias tóxicas (en Rusia los hombres viven en promedio un 11,6 % menos que las mujeres, y está demostrado que en parte se debe al excesivo consumo de tabaco y alcohol), pero el caso es que en otros primates se da la misma circunstancia. Por tanto, debe tratarse de algo más, y ese «algo más» nos ofrece otra pista asociada con nuestra herencia.

Resulta que la mitad de los seres humanos, las mujeres, tienen en todas sus células dos copias de todos y cada uno de los cromosomas, una estupenda idea para protegerlas de los errores que se puedan cometer. Así, si se produce un problema relacionado con un gen, siempre se puede echar mano del de repuesto[50]. En cambio, la otra mitad de la especie —los varones— tenemos un cromosoma que no está duplicado, y eso puede ser un problema. De hecho, puede decirse que el cromosoma Y, característico del varón, es una especie de cromosoma X degenerado y muy modificado, de modo que el par XX de la mujer se convierte en el hombre en un par XY. Al ser más pequeño que su pareja, Y contiene menos genes que X (apenas medio centenar, frente a los cerca de mil que codifica su colega), de modo que la mayoría de los de este último carecen de copia protectora. Por eso, si en un hombre hay un gen defectuoso en ciertas zonas del cromosoma X, la ausencia del alelo sano hace que el sujeto pueda enfermar. El ejemplo típico es el de la hemofilia[51], una dolencia caracterizada por las dificultades para que la sangre se coagule y que se manifiesta mayoritariamente en los varones, pero hay unas cuantas más. Al margen de ello, y además del cromosoma X, algunas variantes genéticas en otros cromosomas[52], mucho más frecuentes en las mujeres que en los hombres, parecen estar íntimamente relacionadas con que existan más centenarias que centenarios.

Pero ahí no acaba esta especie de injusticia de género, ya que el juego de las hormonas también conspira a favor de la mujer. Así, mientras que en los varones los altos niveles de testosterona favorecen nuestro desarrollo óseo y muscular, a la larga nos hacen más vulnerables al cáncer o a las enfermedades del corazón. De hecho, existen evidencias históricas de

---

50   En la práctica, el asunto es algo más complicado, porque en todas sus células las mujeres tienen «silenciado» uno de los dos cromosomas X. Pero dado que lo están al azar, si hay un gen defectuoso en uno de esos cromosomas, aproximadamente la mitad de las células del cuerpo expresan el gen correcto.

51   Es un hecho que la reina Victoria de Inglaterra transmitió la hemofilia a través de su descendencia a buena parte de las casas reales europeas, incluyendo al último zarevich de Rusia y a dos de los hijos de Alfonso XIII y Victoria Eugenia.

52   Notablemente en el gen de la Apolipoproteína B (ApoB), situado en el cromosoma 2 y relacionado con el transporte de colesterol, y en un gen del cromosoma 9 vinculado a las enfermedades cardiovasculares.

Male

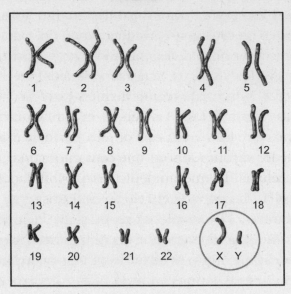

Female

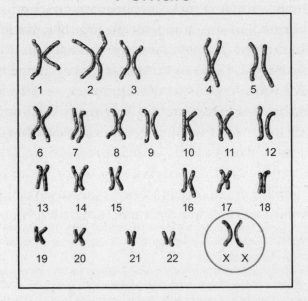

Cariotipos masculino y femenino.

que los hombres castrados antes de la pubertad (eunucos), vivían en promedio más que el resto de sus congéneres, lo cual no se sabe si les servía de consuelo. En cuanto a las mujeres, su bombardeo de estrógenos las dota de potentes antioxidantes que parecen promover una reparación más eficaz del daño molecular. Eso las protege en cierta medida del deterioro ocasionado por la edad, tal y como demuestra el hecho de que las hembras de animales a las que se les extirpan los ovarios duran menos que las normales. Por otra parte, la mayor masa corporal de los varones supone que contamos con un número mayor de células, lo que aumenta las posibilidades de que alguna de ellas desarrolle mutaciones peligrosas[53].

Por descontado, otra prueba incontestable de que el envejecimiento está codificado en el ADN la tenemos en la propia apariencia de una persona mayor. Por ejemplo, e independientemente de su origen o del estilo de vida que haya llevado, un anciano tiene siempre la nariz y las orejas más grandes que cuando era joven, algo que no parece que tenga que ver demasiado con el ejercicio o con la alimentación. Sencillamente, estos apéndices continúan creciendo durante toda su vida. Lo mismo puede decirse de la calvicie o de las canas, circunstancias que con el tiempo afectan a todas las personas debido a cambios en la expresión de determinados genes, el mismo fenómeno que dirige el desarrollo de un niño o el de un adolescente. En las mujeres, la menopausia sobreviene de forma inexorable, y muchas características de las personas mayores aparecen más pronto o más tarde con absoluta regularidad. De hecho, casi todos los ancianos se parecen mucho en su aspecto físico externo, hasta el punto de que somos perfectamente capaces de identificar que lo son nada más verlos.

---

53 Aunque en menor medida que entre ambos géneros, algunos estudios también apuntan a diferencias entre las razas. Por ejemplo, en Estados Unidos se ha encontrado que los latinos viven en promedio dos años más que los caucasianos, y ello a pesar de que la tasa de diabetes y otras enfermedades es menor entre estos últimos.

¿Quiere esto decir que los hábitos de vida no influyen para nada? La respuesta es sí y no. Influyen, y mucho, a la hora de reducir el número de muertes prematuras y mejorar la calidad de vida de un anciano, pero tienen un efecto muy limitado en el incremento de la edad máxima que podemos alcanzar. Así, tal y como los médicos no paran de recordarnos, una persona que lleve una dieta rica en proteínas de origen vegetal, con un consumo limitado de sal y de azúcar, y que evite la exposición a tóxicos peligrosos, tales como el alcohol, el tabaco o el exceso de radiación solar, es muy probable que consiga eludir el fallecimiento a edades relativamente tempranas. Si además practica habitualmente ejercicio, puede que alcance una edad avanzada en bastante buen estado; no en vano la actividad física es, de lejos, el factor individual más influyente en la moderación del impacto de los habituales achaques de la vejez. Para los ancianos, también el mantenerse activo tanto social como intelectualmente resulta muy recomendable.

Como ejemplo de todo esto, un estudio llevado a cabo en 2015 con más de mil neozelandeses de treinta y ocho años demostró que su *edad biológica*, medida en términos de diez importantes biomarcadores, oscilaba entre diez años menos y veintitrés años más (!) de lo que decía su documento de identidad. No olvidemos que el cuerpo empieza a verse expuesto a la influencia del entorno desde el mismo momento en el que nacemos, de modo que nuestra «historia» a partir de entonces determina en gran medida la evolución de nuestra salud.

Sin embargo, nada permite que un ser humano pueda vivir más de ciento diez o ciento quince años, haga lo que haga. Digamos que la dieta y el ejercicio actúan como un buen programa de mantenimiento, ralentizando el envejecimiento del cuerpo, pero sin que puedan detener en absoluto su deterioro programado.

El lector avispado podría preguntarse si, dado que hay una gran cantidad de sustancias tóxicas que envenenan o perjudican al organismo acortando drásticamente su vida, no habrá otras que tengan el efecto contrario, es decir, aumentar la longevidad. Por desgracia, la respuesta a esta pregunta es negativa, casi con toda seguridad. Sencillamente, una célula viva es una máquina tan complicada[54] que puede estropearse por muchos sitios, por lo que resulta muy fácil de envenenar. De hecho, casi todas las mutaciones que pueden alterar un gen tienen como efecto el dañarlo o, como mucho, dejarlo como está. Por el contrario, hay muy pocas que tengan efectos positivos, aunque a largo plazo son estas últimas las que impulsan la evolución. Pero como nosotros no tenemos forma de saber cuáles de las mutaciones que se producen pueden llegar a ser beneficiosas para el organismo, lo recomendable es alejarse de las sustancias que pueden cambiar algo en nuestro ADN, dado que lo más probable es que nos vayan a perjudicar.

Con todo, el hecho de que determinados estilos de vida tengan un impacto positivo en el envejecimiento está llevando a muchos equipos de investigación a intentar identificar aquellos grupos humanos entre cuyos miembros parezca más frecuente alcanzar una edad avanzada, con vistas a analizar sus hábitos. Por ejemplo, en la pequeña isla griega de Ikaria, en el mar Egeo, un tercio de sus habitantes alcanza los noventa años, casi diez más que el promedio del resto del país, incluyendo las islas más cercanas. Un habitante de esta isla, donde cuenta la leyenda que cayó del cielo el mítico Ícaro después de acercarse demasiado al Sol, tiene dos veces y media más posibilidades de llegar a ser nonagenario que cualquier otro habitante de Europa. Pero hay más: la frecuencia de demencia senil es cinco veces inferior a la de los norteamericanos, y la tasa de enfermedades graves entre los ancianos es, en general, muy inferior a la de casi cualquier otro lugar.

---

54 Una célula humana contiene unas diez mil proteínas distintas, de cada una de las cuales puede haber un millón de ejemplares. Sus veintitrés pares de cromosomas contienen unos treinta mil genes, además de una cantidad ingente de secuencias reguladoras que modulan su expresión.

Dos pescadores trabajando con su pequeña
barca en la isla de Ikaria.

Y decimos casi porque Ikaria no es un caso único. Hay áreas del Cáucaso y de los Andes donde un gran número de personas pasa de largo de los noventa. En algunas zonas de la costa italiana sus habitantes disfrutan de una situación comparable. En la localidad de Acciaroli, por ejemplo, más del 10 % de la población tiene más de cien años, un porcentaje que se dice pronto. Y el norteamericano Dan Buettner, que ha dedicado décadas a este asunto, lleva identificados al menos otros cuatro sitios (la isla de Cerdeña, en Italia, la de Okinawa, en Japón, y algunos enclaves de California, en Estados Unidos), donde sucede algo parecido. Animado por la perspectiva de que algunas de las costumbres de estos colectivos tengan un impacto significativo sobre el estado de salud a edades avanzadas, Buettner ha puesto en marcha una serie de programas experimentales para mejorar la calidad de vida de los estadounidenses.

¿Cuál es el secreto de estos lugares? Como era de esperar, la actividad física y la alimentación están entre los factores a considerar. Los icariotes se han pasado la vida caminando, pues en la isla no hubo carreteras hasta la década de los sesenta. Además, se mantienen activos durante mucho tiempo, trabajando en el campo, aunque sean octogenarios. Muchos de ellos incluso nadan a diario. Su dieta es rica en vegetales y aceite de oliva, con pocos productos cárnicos o que contengan azúcares refinados. Entre ellos se sienten muy unidos y llevan una vida muy tranquila, con niveles de estrés muy bajos. Como dijo un médico de la isla, no merece la pena abrir el consultorio antes de las diez de la mañana, ya que a esa hora no aparece ningún anciano.

Así que ya sabe, coma sano y consuma menos calorías, haga mucho ejercicio, aléjese del alcohol y el tabaco y, si le dejan, lleve una vida social activa y no se estrese demasiado. En cualquier caso, tal vez no pase usted mucho de los noventa, pero es probable que envejezca bastante bien.

Ahora bien, ¿por qué la naturaleza nos hace esto, es decir, nos concede la vida, pero al cabo de unas décadas, hagamos lo que hagamos, termina por suprimirnos? Podría parecer que nos tiene inquina y que actúa de mala fe, pero, por supuesto, no es así, ya que al margen de los cerebros de los animales superiores no hay nada en el planeta que se comporte de forma consciente. Sencillamente, el envejecimiento no es más que un daño colateral del mecanismo universal de selección natural que, como hemos visto en el capítulo anterior, en cada especie sigue su propio recorrido. Un recorrido que suele estar íntimamente ligado a la reproducción.

El objetivo de todo organismo es el de replicarse a sí mismo, una característica que en muchos aspectos define la propia vida, pues en la noche de los tiempos, cuando los primeros y rudimentarios seres vivos tuvieron que afrontar un mundo infernal repleto de peligros —léase volcanes, aerolitos y catástrofes de todo tipo— la única forma que encontraron de garantizar su continuidad fue la de duplicarse. De este modo, aunque todos terminaban por ser destruidos, siempre podían ser reemplazados. De paso, y esto resultó crucial, determinados errores que se producían en las copias dotaban de vez en cuando a la réplica de una mayor capacidad de adaptación, lo que aumentaba su posibilidad de supervivencia, mientras que los defectos eran suprimidos porque los organismos que los portaban resultaban demasiado frágiles y no llegaban a tener descendencia. Así, casi de inmediato, la vida se echó en brazos de la evolución.

A efectos prácticos el resultado es que, casi en cualquier especie, la mayoría de los ejemplares débiles o defectuosos mueren antes de tener hijos, ya que no pueden responder adecuadamente a las amenazas de su entorno, de modo que, con el tiempo, casi todos los especímenes jóvenes están sanos, en el colmo de su fuerza y capacidad. Cualquier defecto genético de importancia ha sido eliminado y los mecanismos de reparación del daño celular funcionan a la perfección. Por eso, entre los jóvenes la tasa de mortalidad por razones internas, es decir, excluyendo guerras, epidemias, accidentes y cosas por el estilo, resulta poco significativa.

Pero una vez hayan tenido descendencia, a la naturaleza le tiene sin cuidado lo que les pase a estos mismos organismos, pues ya no existe presión evolutiva alguna para eliminar los defectos que puedan surgir. Así, los ejemplares de mediana edad empiezan a acumularlos hasta que, simplemente, dejan de funcionar. Esto forma parte de lo que se ha venido a llamar la hipótesis del «gen egoísta», popularizada en su día por Richard Dawkins, y que viene a decir que nuestro cuerpo no es más que la «máquina de supervivencia» de nuestros genes, un envoltorio útil para conseguir que se perpetúen, pero absolutamente irrelevante una vez que han sido transmitidos (por eso a la hipótesis también se la conoce, de forma un poco humillante, como la del «soma desechable»). Así que, a fin de cuentas, la naturaleza no nos mata aposta, tan solo actúa de forma ciega siguiendo los dictados de la evolución.

Richard Dawkins durante una charla en 2013.

Una buena noticia que se desprende de esto es que es muy improbable que existan auténticos «genes del envejecimiento», entendiendo estos como mecanismos que el organismo ponga en marcha para ir acabando con nosotros, pues, como hemos visto, a edades avanzadas para la naturaleza carecemos de interés. Sencillamente, las mutaciones que han ido generando a lo largo de millones de años el cuadro que denominamos envejecimiento no desaparecen porque, a diferencia de lo que sucede con las personas jóvenes, no hay ningún proceso que se encargue de eliminarlas. Así, puede decirse que la nariz y las orejas grandes de los ancianos, el pelo blanco y la calvicie aparecieron un mal día para quedarse, no porque fuesen parte de un malévolo programa de deterioro, sino porque nadie se ocupó de corregir los cambios moleculares que se encontraban detrás.

Aunque tan solo en apariencia, otra noticia positiva podría ser el que aquí tal vez se esconda un sorprendente procedimiento mediante el que podríamos llegar a prolongar nuestra vida. En efecto, y según todo esto, en principio bastaría con retrasar la edad a la que nos reproducimos para que la presión de la selección natural volviese a actuar, eliminando la mayoría de los defectos hasta que alcanzásemos una edad más avanzada. La gente practicaría el sexo tan solo para divertirse, dejando lo de tener hijos para cuando hubiesen cumplido los cincuenta, o incluso más. De este modo, como únicamente las personas capaces de reproducirse tan tarde tendría la oportunidad de hacerlo, solo los acervos genéticos más saludables llegarían a prosperar.

De hecho, este mecanismo funciona de verdad, tal y como ha podido comprobarse en distintas poblaciones animales, en las que los problemas asociados a la vejez han comenzado a aparecer a edades más tardías como consecuencia de este fenómeno. Pero, por desgracia, en los humanos no parece que se trate de una costumbre practicable, ya que habríamos de condenar a un gran número de personas a no tener descendencia y, además, habría que hacerlo durante muchas generaciones para que el efecto se pudiera notar. Por lo demás, semejante procedimiento exhala un incómodo aroma a eugenesia que inevitablemente nos retrotrae a las infamias del nazismo y del darwinismo social[55].

Pero, volviendo al envejecimiento, lo curioso del caso es que algunas de las adaptaciones que resultan de mucha ayuda para que los jóvenes sobrevivan se tornan perjudiciales al alcanzar la vejez. Como ya hemos dicho, a la naturaleza eso le tiene sin cuidado, igual que le importa un bledo si de viejos nos morimos de cáncer o de enfermedad cardiovascular, ya que su única preocupación es que al comienzo de nuestra vida sobrevivamos lo suficiente al hambre, a las infecciones o a los depredadores. Después de todo, durante milenios nuestros antepasados se morían de eso, y no de Alzheimer o de Parkinson, ya que en la mayoría de los casos ni siquiera les daba tiempo a envejecer. Así, cosas como los niveles de calcio elevados en sangre eran muy útiles para los cazadores-recolectores, ya que ayudan a que los huesos se recuperen rápido de las heridas, pero su paulatino depósito en las paredes de las arterias facilita el que una persona de edad avanzada desarrolle arterioesclerosis. Como dice Linda Partridge, directora del Institute of Healthy Ageing del University College London, «el mismo rasgo que te sirvió bien a los treinta no te sirve a los sesenta».

Existen muchos más ejemplos de este efecto en los seres humanos. El estrés, por ejemplo, entendido como el mecanismo de defensa que mantiene a nuestro organismo en tensión y en alerta, es imprescindible para sobrevivir en un mundo lleno de peligros, en el que enfrentarse a un jabalí o a un contrincante humano requiere un sobreesfuerzo que en

---

55 El llamado darwinismo social es una teoría que defiende la aplicación de los conceptos de la evolución a la sociedad humana, donde cuestiones como la selección natural, la competencia por los recursos o la supervivencia del más fuerte deben aplicarse a las relaciones entre naciones, etnias o clases sociales. Tuvo una gran influencia en el imperialismo de finales del siglo XIX y comienzos del siglo XX, con consecuencias deplorables.

muchos casos marca la diferencia. Pero si ese estado se mantiene durante mucho tiempo, termina por agotar las reservas del organismo, disminuyendo su respuesta inmunitaria y pudiendo desencadenar trastornos de consideración. En un individuo joven, un periodo de estrés prolongado se aguanta relativamente bien, pero en una persona en la madurez contribuye significativamente a facilitar la presencia de enfermedades asociadas al envejecimiento.

De la misma forma, las células senescentes, caracterizadas porque ya no se dividen, protegen a los organismos jóvenes del cáncer —de hecho, se piensa que aparecieron como un mecanismo de protección para impedir que una célula se dividiese cuando corría el riesgo de volverse cancerosa— y segregan moléculas que regeneran y reparan sus tejidos. Sin embargo, en los ejemplares más viejos, la acumulación de estas células y de las sustancias que producen promueve la inflamación, la proliferación de la senescencia también entre los tejidos sanos y la aparición de muchas patologías asociadas con la vejez, incluido, paradójicamente, el cáncer.

Tan importantes son las células senescentes para el proceso de envejecimiento que en los últimos años se ha producido una auténtica explosión de líneas de investigación que intentan reducir el impacto de su acumulación progresiva en los adultos. Entre los tipos de moléculas examinadas se incluyen péptidos (cadenas de varios aminoácidos de tamaño muy inferior a las proteínas), pequeñas moléculas de ácidos nucleicos, flavonoles (un tipo de metabolitos de las plantas) o drogas anticancerosas, por solo mencionar algunas. Ni que decir tiene que el objetivo de todas estas sustancias no es otro que la destrucción selectiva de estas incómodas acompañantes, poniendo al mismo tiempo cuidado en no dejar al organismo desprotegido frente al cáncer.

En paralelo, otra estrategia en estudio es la reprogramación de estas células con vistas a rejuvenecerlas. En este sentido, el equipo del investigador español Juan Carlos Izpisua Belmonte, del Salk Institute for Biological Studies de California, consiguió recientemente, utilizando técnicas ya conocidas de generación de células madre pluripotentes inducidas —las ya célebres iPS[56]—, rejuvenecer células de ratones, consiguiendo que varios de sus tejidos se mostrasen menos deteriorados y que los animales viviesen bastante más. Dado que la terapia génica de Izpisua y su grupo consistió en alterar únicamente cuatro genes íntimamente ligados a la reprogramación celular, su trabajo habla a gritos de las posibilidades que ofrece el tratamiento de la senescencia celular para frenar el envejecimiento. En el trabajo del Salk, y como por arte de magia, los músculos, el páncreas o la piel de los pequeños animales recuperaron el equivalente a décadas de vida, perdiendo todos los marcadores celulares típicos de las células envejecidas. De conseguirse algo así en los humanos durante las próximas décadas, ya fuese a través de ingeniería genética o de medicamentos, la medicina experimentaría una revolución solo comparable a la de los antibióticos o las vacunas, ya que múltiples achaques característicos de la vejez se verían suprimidos, o al menos ralentizados, de un plumazo[57].

Pero quizá la prueba más impresionante de la responsabilidad de los genes en el envejecimiento humano la tenemos en la progeria, esa terrible, aunque rara enfermedad, que afecta a algunos niños (por fortuna tan solo a uno de cada siete millones), en donde una mutación puntual en un solo gen —el LMNA— da lugar a la progerina, una forma defectuosa de la proteína conocida como lámina A. Como resultado, la

---

56 Las células iPS son células madre, derivadas de otras procedentes de tejidos diferenciados normales, que han recuperado la pluripotencia (capacidad de generar la mayoría de los tejidos del organismo) mediante un tratamiento artificial (de ahí el término «inducidas»). Resultan casi tan versátiles como las células madre embrionarias, pero sin la controversia asociada al empleo de estas últimas.

57 La terapia génica ofrece también la posibilidad de reactivar otros genes como Lin28a, que solo es funcional en la etapa embrionaria y cuya activación en adultos parece acelerar la reparación de los tejidos dañados como consecuencia de lesiones.

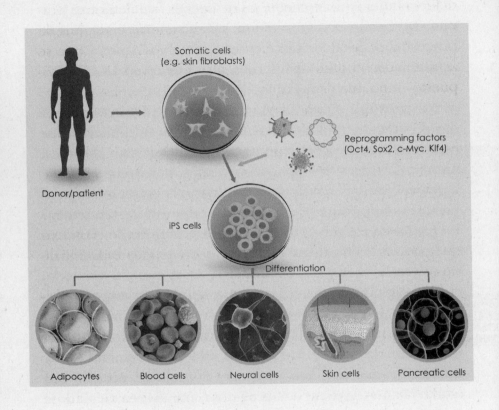

Ilustración de la fabricación de células madre
pluripotentes inducidas (iPSCs).

función de esta proteína en la membrana nuclear se ve distorsionada, provocando desórdenes en la organización de la cromatina, que se manifiestan en forma de envejecimiento acelerado, con niños de corta edad mostrando muchas de las características de los ancianos de noventa años. Se trata, por tanto, de una enfermedad genética en la que un mínimo defecto imita las consecuencias de décadas de deterioro normal. De hecho, algunos estudios han determinado que la progerina se produce también en individuos sanos y que se acumula con el paso de los años, algo que a veces se ha propuesto como una de las causas naturales del envejecimiento.

Sin embargo, a estas alturas nos surge otra pregunta: si el envejecimiento es consecuencia de una programación que está íntimamente relacionada con la presión selectiva que favorece la reproducción, ¿por qué algunos animales como la hydra, que se duplican a toda pastilla, no parecen verse afectados por esta lacra una vez han tenido descendencia? La respuesta está en la diferenciación, ese impulso evolutivo que nos ha hecho desarrollar órganos y tejidos especializados, ya sea un cerebro, un estómago, un riñón o un corazón.

En la hydra, los tejidos se regeneran continuamente porque su grado de diferenciación es bajo. Pero cuando la cosa se complica, la especialización requiere un estricto control en la construcción de los órganos y la proliferación celular ha de verse muy limitada, razón por la cual en los individuos adultos la mayor parte de los tejidos tiene una capacidad de restauración reducida, que no puede impedir el deterioro a largo plazo. Las otrora pluripotentes células madre ven cómo muchos de sus genes pasan a ser silenciados, expresándose solo aquellos que corresponden a cada determinada función tisular. Entre las capacidades suprimidas está la de dividirse sin límite. Cuando el individuo es joven, esto no supone gran cosa, porque el organismo tiene pocos defectos y las poblaciones de células madre que cuidan de ellos todavía tienen cierta capacidad para reemplazar células dañadas, pero con el tiempo dejan de tenerla y los ancianos se encuen-

Vista a microscopio de ejemplares de *Hydra viridis*.

tran con que sus tejidos, que ya están muy desgastados, no se pueden regenerar.

En última instancia, nuestro universo está sometido a la tiranía de la segunda ley de la termodinámica, que viene a decirnos que, si las abandonamos a su suerte, todas las cosas tienen tendencia a desorganizarse y a ir a peor[58]. Para evitarlo, hay que dedicar esfuerzos a mantenerlas y repararlas. Después de todo, es una simple cuestión de probabilidad. Si lanzamos al aire unas cuantas toneladas de sillares de piedra es inimaginablemente más fácil que caigan de cualquier manera que formen un edificio bien ordenado. Solamente tras un enorme consumo de energía conseguirá usted convertirlos en la Alhambra de Granada o en el Taj Mahal. Los seres humanos, y en general todos los organismos vivos, son entidades que funcionan con una eficiencia maravillosa, optimizada a lo largo de eones, pero cuyas delicadas estructuras también requieren a veces de chapa y pintura. De lo contrario, se acabarán por disgregar. Así que cuando la evolución decidió olvidarse de los ancianos, lo que hizo realmente fue ahorrarse energía, pues al no poder ya reponer los tejidos diferenciados mediante el eficiente mecanismo de división celular, su mantenimiento le suponía unos recursos que nada le impulsaba a gastar.

En el fondo, es lo mismo que hacemos con nuestras máquinas. Llega un momento en que en lugar de reparar las piezas es mejor sustituirlas. Y si no tenemos recambios, lo mejor es tirarlas. De ahí lo del «soma desechable». Por tanto, no se haga usted mala sangre. En este mundo todo tiene su precio, aunque el de esos hermosos ojos, esa mágica sonrisa y ese corazón de oro haya sido nada menos que su renuncia a ser inmortal.

---

58 Existen muchas formulaciones de este célebre y en cierto modo ominoso principio, aunque quizá la más intuitiva sea que en cualquier sistema aislado (que no intercambia materia ni energía con el exterior) la entropía siempre aumenta con el tiempo. Aunque se trata de un concepto de la termodinámica, la entropía puede asociarse al grado de información que puede extraerse del sistema, siendo mucho más probables los estados en los que su desorden es mayor.

El gusano elegante y el reloj del juicio final

La muerte llama, uno a uno, a todos los hombres y a las mujeres todas,
sin olvidarse de uno solo. ¡Dios, que fatal memoria!
Camilo José Cela (1926-2002), escritor español.

A principios de la década de los sesenta del pasado siglo, el consenso científico generalizado era que las células humanas cultivadas *in vitro* resultaban virtualmente inmortales. Sin embargo, en 1962, el norteamericano Leonard Hayflick descubrió que tan solo las células de los tumores malignos tenían dicha característica, mientras que las normales solo podían dividirse un número limitado de veces. Alcanzado este, o bien se suicidaban (literalmente) o bien entraban en senescencia, esa especie de etapa estática a la que hacíamos referencia con anterioridad, en la que no mueren, pero en la que dejan de proliferar. Así, por ejemplo, el ahora célebre científico encontró que las células somáticas de un embrión humano podían dividirse decenas de veces antes de dejar de hacerlo para siempre. En cambio, en el caso de las células de una persona adulta la cantidad era muy inferior, como si se hubiese «gastado» gran parte de su potencial original. Desde entonces, al número máximo de divisiones que pueden permitirse los ejemplares de una línea celular determinada se le conoce como su «límite de Hayflick».

Durante años, los biólogos bucearon en el interior de las células buscando alguna pista que pudiera llevarlos a desentrañar el secreto de tan ominoso reloj, sospechando que detrás de él debía encontrarse sin duda una de las claves más importantes del envejecimiento. Finalmente, a comienzos de la década siguiente, el ruso Alexei Olovnikov intuyó la solución —cuenta la leyenda que reflexionando mientras esperaba en una estación de metro— al darse cuenta de que el «reloj biológico» podía estar relacionado con los extremos de los cromosomas.

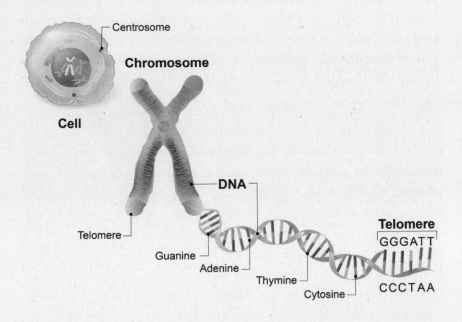

Los telómeros son los extremos de los cromosomas y les proporcionan estabilidad. Hay estudios que sugieren que también participan en la limitación de la división celular y pueden desempeñar un papel importante en el cáncer y el envejecimiento.

Sucede que la molécula de ADN es como una cremallera que durante el proceso de división celular se abre para que determinada maquinaria enzimática duplique cada uno de los «lados» (hebras) hasta el final. Pero, al llegar al extremo de la cremallera, la maquinaria no puede terminar su trabajo —puede decirse que no tiene dónde colocarse—, de modo que parte del material genético se pierde. Para protegerse del problema, los cromosomas cuentan en sus extremos con unas estructuras llamadas telómeros, que no contienen información importante y que son las que se «acortan» cada vez que la célula se divide, impidiendo así que los cromosomas queden fatalmente dañados. En ausencia de esta especie de «capuchones», los cromosomas se desestabilizan y tienden a fusionarse entre sí, con consecuencias letales para la célula.

Pero si cada vez que se divide una célula sus telómeros se hacen más cortos, llegará un momento en que no puedan acortarse más, y entonces la delicada maquinaria que controla la replicación de los cromosomas se detiene. Obligada por el despiadado contador molecular, la célula alcanza su límite de Hayflick y ya no puede dividirse, salvo que haya algo que restaure la longitud de sus telómeros.

Ese algo existe, y es una enzima llamada telomerasa, una molécula reparadora que resulta omnipresente durante el desarrollo embrionario, pero que en las células somáticas de los organismos adultos apenas tiene algo de actividad. Y no la tiene por una buena razón. Como ya hemos visto, en los grandes organismos pluricelulares la construcción de órganos y tejidos ha de estar exquisitamente controlada, ya que una proliferación excesiva puede generar un tumor. Y sí, lo han adivinado, las inmortales células cancerosas que tanto amenazan nuestra salud y nuestras vidas tienen su telomerasa activada, pudiéndose dividirse indefinidamente, totalmente fuera de control.

En el transcurso de los últimos años, el papel de la longitud de los telómeros en el envejecimiento y en el estado general de salud ha sido puesto de manifiesto por un buen número de estudios. En ratones, por ejemplo, se ha demostrado que el alargamiento de estos «capuchones» rejuvenece sus tejidos cardíacos hasta el punto de aumentar de modo notable su supervivencia después de un infarto, y experimentos para promover la expresión de telomerasa basados en terapia génica[59] han permitido a muchos roedores vivir significativamente más y con un mayor grado de salud. Por el contrario, los ratones que nacen sin telomerasa viven menos y desarrollan problemas que normalmente aparecen con poca frecuencia o lo hacen más tarde.

En humanos, se sabe que algunas enfermedades surgen directamente por causa de disfunciones en los telómeros, mientras que en muchas otras también parece haber una correlación. Además, y por extraño que pueda parecer, los hábitos y las circunstancias ambientales que tienen un efecto significativo sobre la salud y la longevidad, tales como el estrés, la obesidad o el tabaquismo, podrían estar directamente relacionados con el acortamiento de estas estructuras, tal y como los resultados de un número creciente de estudios parecen indicar. Incluso se han relacionado aspectos de la dieta, tales como el consumo excesivo de azúcar, con una menor longitud de estos omnipresentes fragmentos de ADN.

¿Significa esto que es en el alargamiento artificial de los telómeros en donde se encuentra el auténtico secreto de la inmortalidad? Durante años se levantaron muchas expectativas al respecto, pero últimamente estas se han enfriado. Es cierto que las células donde se reactiva la telomerasa se saltan olímpicamente el límite de Hayflick, pero el asunto es mucho más delicado de lo que parece. Para empezar, el acortamiento de los telómeros no es ni de lejos el único factor que interviene en el envejecimiento, y todavía no tenemos

---

59   La terapia génica consiste en la inserción de un gen funcional en el material genético de un organismo a través de diferentes tipos de vectores, tales como un virus.

del todo claro en qué medida lo hace. Además, ya hemos visto que las células que ignoran el límite de Hayflick tienen a menudo la mala costumbre de volverse cancerosas, por lo que la activación de la telomerasa debe venir acompañada de la manipulación de otros genes que intervienen en la formación de tumores, para impedir que aquella cause más destrozos que los que arregla. Con todo, el papel que juegan los telómeros y la telomerasa en el envejecimiento humano es una de las áreas de investigación más activas de todo el universo del envejecimiento y no puede descartarse en absoluto que se desprendan de ella algunas aplicaciones espectaculares en materia de salud[60].

Al margen de los telómeros y su límite de Hayflick, ¿qué otros factores moleculares influyen en el proceso de envejecimiento? Hay varios, pero es importante distinguir entre los que realmente tienen un papel fundamental en el proceso de los que más bien son «efectos secundarios» del mismo. La senescencia celular, por ejemplo, es un factor derivado del efecto del acortamiento de los telómeros y de otros problemas moleculares, pero no es un fenómeno primordial. En cambio, la progresiva acumulación de defectos en los cromosomas (la llamada inestabilidad génica o cromosómica), como consecuencia de agentes tanto internos como externos, sí que lo es. Entre estas amenazas están los inevitables errores aleatorios que comete la maquinaria de replicación del ADN, las radiaciones ionizantes[61], algunas toxinas y virus, y los famosos «radicales libres».

---

60 Lo que, una vez más, invita a la prudencia. En los últimos tiempos, se ha hecho famoso el TA65, un extracto de la planta *Astragalus membranaceus*, que parece tener un ligero efecto sobre la telomerasa y sobre algunos aspectos de la salud en los ratones, lo que no quiere decir que haya demostrado todavía su utilidad en los seres humanos.

61 Dentro del espectro electromagnético, las radiaciones ionizantes son un tipo de radiación de alta frecuencia, capaz de interaccionar con las grandes moléculas biológicas. Entre ellas se encuentran los rayos ultravioleta (rayos UVA), los rayos X y la radiación gamma. A diferencia de lo que piensa mucha gente con poca o nula cultura científica, los teléfonos

Los radicales libres son moléculas basadas en el oxígeno que se producen como consecuencia del metabolismo y que tienen una gran capacidad de reacción, razón por la cual el cuerpo las utiliza a veces como sistema de señales, así como para defenderse de las infecciones. Sin embargo, con el tiempo dañan las propias estructuras que integran los tejidos, en un proceso que se conoce como estrés oxidativo. Todas las células contienen una auténtica parafernalia de mecanismos de reparación que intervienen para paliar los efectos de los errores aleatorios, de las toxinas y de los radicales libres en la estabilidad de los cromosomas, pero con el tiempo todos terminan por ser insuficientes. Entonces, ¿no se podría, de algún modo, echarle una mano al organismo, interviniendo artificialmente desde fuera?

En línea con este concepto de «ayudar a proteger el ADN», a mediados de la década de los cincuenta del pasado siglo el químico estadounidense Denham Harman propuso que las sustancias antioxidantes, capaces de neutralizar los radicales libres, podrían servir para combatir el envejecimiento. En las últimas décadas, esta hipótesis ha calado profundamente en casi todos los ámbitos de la sociedad, desde la alimentación hasta la cosmética, y son incontables los productos que se anuncian como la panacea contra el envejecimiento gracias a sus poderes antioxidantes.

Así, en el omnipresente mercado *antiaging*, los radicales libres son el temible enemigo al que hay que batir y los antioxidantes los nuevos paladines del rejuvenecimiento. Y ello a pesar de que hace ya varios años que a los científicos les quedó muy claro que el incremento del estrés oxidativo no solo no parece estar relacionado directamente con la aceleración del envejecimiento, sino que en algunos organismos parece incluso tener el efecto contrario. Es cierto que la mayor o menor actividad de determinadas enzimas que con-

móviles y la wifi no están relacionados con la radiación ionizante, por lo que resultan inocuos.

trarrestan los radicales libres parecen tener cierto impacto en el proceso, pero el papel de estos últimos en el deterioro del organismo es un tema muy complejo, sin que exista hasta la fecha ningún estudio que demuestre que el consumo de antioxidantes aumenta la longevidad. A pesar de lo cual, la industria sigue haciendo su agosto.

Una cuestión algo sorprendente y que ejemplifica a la perfección la complicación que rodea a este asunto es el papel que juega la regulación de la expresión de los genes. Como sabemos, todas las células de un organismo contienen el mismo equipamiento genético, pero los componentes se van expresando de una u otra forma con arreglo a la función que desempeña la célula y a otros parámetros, siguiendo unos patrones de regulación muy elaborados en los que interviene de forma primordial un proceso que podría calificarse como de «etiquetado» de los genes. Pero sucede que ese etiquetado químico —epigenoma— es bastante sensible a los factores ambientales, tales como el ejercicio físico, el tabaquismo o la dieta, que por este motivo tienen una influencia tan importante en el devenir del envejecimiento. Dicho de otro modo, nuestros hábitos no pueden alterar nuestra secuencia genética, pero sí la manera en la que esta se expresa.

De hecho, una cosa es segura: los estudios con gemelos demuestran que la edad de muerte solo está determinada por la genética en un 25 %, quedando un 75 % de margen para que tanto el «etiquetado» como los factores ambientales puedan actuar. Sin embargo, todavía estamos muy lejos de comprender cómo funciona la epigenética en los cambios que experimenta el organismo con la edad, de forma que es difícil determinar la forma en que los factores ambientales influyen sobre ellos a nivel molecular. Así que ya sabe: viva sano, pero no se obsesione con los antioxidantes.

Además del acortamiento de los telómeros y de la inestabilidad cromosómica provocada por todos los factores mencionados, hay un tercer proceso que se encuentra detrás del envejecimiento. Este mecanismo resulta todavía algo oscuro y poco conocido, aunque se sabe que tiene un impacto fundamental en el deterioro a largo plazo de cualquier organismo. Su misterioso nombre, proteostasis, hace referencia al procedimiento habitual de las células para eliminar aquellas proteínas que resultan defectuosas y sustituirlas por otras construidas de forma correcta.

Este proceso es muy eficiente, pero, como de costumbre, con el paso de los años termina fallando como una escopeta de feria. Así, las proteínas plegadas de manera incorrecta se van acumulando hasta el punto de generar problemas de salud

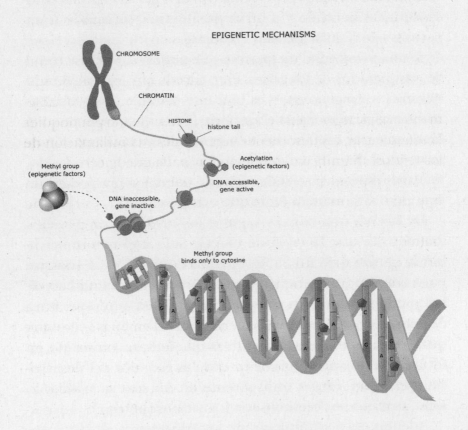

Mecanismo epigenético.

muy graves, tal y como sucede en ciertas enfermedades neuro-degenerativas. En las mitocondrias, esos orgánulos encargados de suministrar energía a las células, modificaciones de las proteínas que regulan su dinámica, se añaden a las mutaciones en el ADN mitocondrial (las mitocondrias tienen su ADN propio, diferente del que se encuentra en el núcleo de la célula) para provocar un mal funcionamiento, dando lugar a numerosos trastornos asociados con el envejecimiento. Además, hay moléculas como la glucosa, el alimento fundamental de las células, que interaccionan a veces con ciertas proteínas, las alteran y provocan importantes distorsiones en los tejidos, y ya hemos hablado del terrible efecto que provocan las formas defectuosas de las «láminas» en la estructura de las membranas nucleares y en la organización de la cromatina.

Telómeros cortos, cromosomas alterados y proteínas defectuosas integran pues el desolador paisaje responsable de que nuestros cuerpos se vayan estropeando lenta, pero inexorablemente, y a la larga dejen de funcionar, extendiendo por doquier la senescencia, los desórdenes hormonales y la inflamación de los tejidos. ¿Significa esto que no hay nada que hacer?

Para responder a esta pregunta, debemos fijarnos en un humilde gusanillo que lleva décadas siendo la estrella de la biología molecular. Y es que, a pesar de su sencilla apariencia, *Caenorhabditis elegans* —pues ese es el nombre científico de nuestro animalito— es cualquier cosa menos un organismo normal. Se trata de un diminuto nematodo de un milímetro de longitud[62] al que le gusta la temperatura ambiente y que no vive más de dos o tres semanas, pero que goza de un par de características que le han convertido en el favorito de quienes se ocupan de la genética del desarrollo. Para empezar, es transparente durante toda su vida, lo que permite muy bien observar sus cambios bajo el micros-

---

62   *«Del tamaño de una coma en una oración»*, tal y como de forma poética lo definió la bióloga Cynthia Kenyon.

copio[63]. En segundo lugar, y a pesar de que contiene tan solo 959 células (¡sí, exactamente 959!), cuenta con algunos sistemas especializados bien definidos y sus genes son relativamente fáciles de manipular. Por último, y por si esto fuera poco, se le puede congelar y a continuación descongelar, después de lo cual todavía sigue vivo. Además, criarlos y mantenerlos en el laboratorio resulta muy simple.

El pequeño pero asombroso *Caenorhabditis* fue el primer organismo cuyo genoma se secuenció por completo. Se descubrió que casi un 40 % de sus genes codifican proteínas que son similares en su función a las de animales mucho más grandes y complejos, incluyéndonos a los humanos. Además, cuando envejece, lo hace de forma parecida a como lo hacemos nosotros, razón por la cual los científicos se han lanzado a investigar qué le sucede a él. Y lo que han descubierto es la bomba.

Resulta que mutaciones en unos pocos genes individuales del *elegans* permiten al diminuto gusano vivir más del doble de lo que le toca, algo así como si le preguntásemos a un abuelito de ochenta años qué edad tiene y nos contestase que ciento setenta. Dicho de otro modo, a igualdad de años el gusano mutado parece tener el estado general de salud y de juventud correspondiente al gusano normal... ¡si este último tuviese tan solo la mitad de su edad! Ni que decir tiene que se trata de un hallazgo tan sensacional que abre la puerta a una auténtica revolución en la longevidad, pues, en principio, bastaría con inducir de alguna manera un efecto similar al de la mutación en las rutas metabólicas controladas por estos genes para ralentizar todo el proceso de envejecimiento.

¿Contradice esto lo que decíamos en el capítulo anterior, en el sentido de que no existen «genes del envejecimiento» propiamente dichos? En realidad no. Los genes que cuando mutan alteran la longevidad en *Caenorhabditis* no han sido diseñados por la naturaleza para activar o acelerar el dete-

---

63   Cuando se le observa mediante este instrumento, los movimientos de *Caenorhabditis* se muestran armoniosos y elegantes, de ahí su nombre.

rioro del organismo, sino que están implicados en otros asuntos. Sencillamente, al modificar su funcionamiento los procesos llevados a cabo por la maquinaria celular entregan como una de sus consecuencias una mayor esperanza de vida. En cualquier caso, que sean «del envejecimiento» o no a nosotros nos tiene sin cuidado, con tal de que el trastear con ellos nos ayude a aprender cómo prolongar nuestra propia existencia.

¿Y cuáles son esos genes tan prometedores? Uno de ellos es el daf-2, un gen relacionado con las rutas metabólicas de la insulina —ese regulador del azúcar en sangre que tantos quebraderos de cabeza les da a los diabéticos— y de la hormona de crecimiento IGF-1, y cuya versión mutada da lugar a que una proteína llamada FoxO active a su vez varios genes que contribuyen a una mejor protección y reparación del ADN. De hecho, y sin necesidad de toquetear los genes, hay pruebas de que determinadas formas de esta proteína son más frecuentes en las personas que tienen noventa o cien años. Por ejemplo, en ciertos colectivos de judíos askenazi. También es de destacar que la mayoría de las personas centenarias mantienen la sensibilidad a la insulina y que los diabéticos sin tratamiento muestran muchas de las características de un envejecimiento avanzado. Además, la mutación del daf-2 que aumenta la longevidad en nuestro elegante amigo también lo hace en las moscas y en los ratones. Descubrir algún tipo de medicamento que tenga un efecto similar al de esta mutación es, por tanto, uno de los objetivos más relevantes para los investigadores.

Otro gen que ha ascendido al estrellato es el que codifica la proteína mTOR[64], una enzima profundamente implicada en muchas de las actividades más básicas de las células, y cuya manipulación también da lugar en el famoso gusano y en los otros animales de laboratorio a un aumento de la longevidad. La rapamicina[65], un fármaco inmunosupresor

---

64 Siglas en inglés de «diana de rapamicina en células de mamífero».
65 La rapamicina tiene una historia un tanto peculiar, ya que se trata de una

165

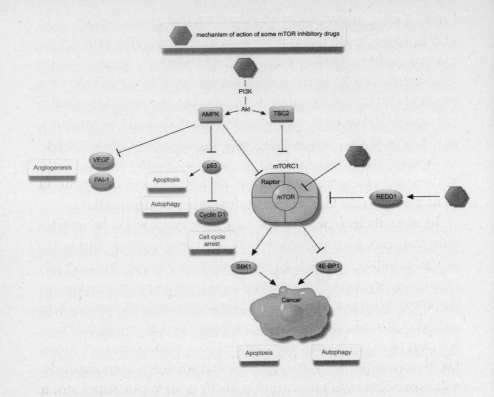

Mecanismo de acción de los inhibidores de mTOR.

y eficaz contra algunos tipos de cánceres, interacciona con la enzima mTOR prolongando la vida en ratones de edad avanzada de forma muy significativa. La rapamicina no es fácil de usar como inductor de la longevidad debido a sus potentes efectos sobre el sistema inmune, pero otros medicamentos más inocuos podrían depararnos alguna sorpresa.

¿Por qué estas manipulaciones alteran la longevidad? La complejidad de unas rutas metabólicas que se encuentran profundamente entrelazadas hace difícil contestar a esta pregunta, pero al menos en el caso de daf-2 y la ruta de la insu-

---

sustancia segregada por una bacteria que fue descubierta en una muestra de suelo procedente de la isla de Pascua, al pie de una de las famosas estatuas.

lina se ha sugerido que el efecto puede estar relacionado con el más extraño de los mecanismos conocidos que consiguen alargar la vida en los animales de laboratorio, la sorprendente y misteriosa «restricción calórica». La restricción calórica no es solo la intervención más eficaz que hoy en día se puede llevar a cabo para frenar el envejecimiento en un organismo, sino también la más antigua y la más sustentada por las pruebas experimentales. Además, es la única forma conocida de aumentar la longevidad máxima de una especie mediante la manipulación de factores externos, en este caso la dieta.

El descubrimiento de los extraños efectos de la restricción calórica se remonta a 1934, cuando investigadores de la Universidad Cornell se dieron cuenta de que las ratas alimentadas con una dieta muy baja en calorías, aunque dotada de los nutrientes vitales, prolongaba significativamente la vida de estos animales. Desde entonces, muchos experimentos han puesto de manifiesto un efecto similar en casi todas las especies que se manejan en los laboratorios, incluyendo a otros roedores, a las arañas, a las moscas y, por supuesto, a nuestro viejo amigo el «gusano elegante». En humanos, los estudios acerca de los efectos de la restricción calórica son relativamente recientes, lo que impide todavía sacar conclusiones acerca de sus efectos a largo plazo sobre la longevidad, pero ya existen datos que apuntan hacia ciertos beneficios para la salud relacionados con la presión sanguínea, la cantidad de azúcar y colesterol en la sangre y, en general, el sistema cardiovascular. Ante estos resultados, y como era de esperar, algunas personas no han tardado mucho en tomar buena nota y ya han empezado a reducir su ingesta de calorías drásticamente (a veces, incluso peligrosamente), formando incluso asociaciones para promover esta práctica.

¿Por qué la restricción calórica severa aumenta la longevidad máxima en los animales de laboratorio y, sobre todo, por qué tiene un efecto similar en organismos que están muy alejados entre sí en el árbol de la vida? Existen muchas hipótesis al respecto, aunque, a día de hoy, no hay ninguna que pueda darse por demostrada. Se ha propuesto, por ejemplo, que la menor ingesta de calorías está relacionada con una cantidad inferior de radicales libres y una menor tasa de glicación de las proteínas, pero ya hemos visto que la relación del envejecimiento con los radicales libres es compleja y difícil de precisar. Tampoco está exenta de polémica la supuesta actuación en este efecto de las sirtuinas, unas proteínas que intervienen en la regulación del metabolismo celular y a las que ya nos encontramos en el capítulo anterior.

Por el contrario, una de las propuestas más plausibles es que detrás de la restricción calórica se encuentre una especie de mecanismo molecular ancestral de defensa destinado a proteger a los animales de las circunstancias adversas, presentando una mayor resistencia al estrés de baja intensidad. De alguna forma, esta mayor capacidad frente al estrés tendría un efecto beneficioso para la salud y para la longevidad. La aparente universalidad del mecanismo es un argumento a favor de esta teoría, como también lo son algunos experimentos llevados a cabo en nuestro querido *Caenorhabditis elegans*.

Es en este punto en el que la ruta de la insulina podría ayudar a resolver el misterio. En efecto, los primeros trabajos en el famoso gusano ya demostraron en su día que algunos mutantes que tenían esta vía alterada presentaban un cuadro de mejora general de la salud y de aumento de la longevidad, muy parecido al que se producía como consecuencia de la restricción calórica. Desde ese punto de vista, esta última actuaría alterando la ruta de la insulina de forma similar a como sucede en los mutantes mencionados. La modificación de los niveles de insulina tiene un impacto muy importante en el metabolismo y es probable que, a través de mecanismos secundarios, dé lugar a una mejoría generalizada de la salud, aunque está por ver su posible impacto en la longevidad del ser humano.

Pero si el enigmático mecanismo de la restricción calórica puede ser imitado interviniendo en la ruta de la insulina o en otras similares[66], eso abre la puerta a que se puedan desarro-

---

66   Como hipótesis alternativa, se ha sugerido que es la ralentización de la síntesis de proteínas como consecuencia del menor consumo de energía

llar medicamentos que potencialmente tengan el mismo efecto y que al mismo tiempo nos liberen de la pesadilla de, entre otros efectos secundarios indeseables para la salud, tener que pasarnos la vida casi muertos de hambre, una perspectiva poco atractiva para la mayoría de la gente. No en vano, como dicen los científicos con sorna, no sabemos si la restricción calórica severa puede alargarnos la vida, pero lo que es seguro es que puede hacer que no merezca la pena. Por eso, y desde hace años, una legión de exploradores se afana buscando moléculas que hagan el trabajo sin tener que renunciar a los placeres del estómago, mientras la industria del *antiaging* mira de reojo para ver cuándo se publica algo que, por inocente que sea, permita vender una nueva píldora de la inmortalidad.

Dado que la ruta de la insulina parece prometedora, no es de extrañar que algunos candidatos a convertirse en el elixir del siglo XXI sean moléculas relacionadas con esta vía. Entre ellos es de destacar la metformina, un fármaco que se utiliza habitualmente contra la diabetes y que parece tener además otros efectos beneficiosos para la salud, reduciendo la incidencia de enfermedades propias de la vejez tales como el cáncer, las demencias o las enfermedades cardiovasculares. Aunque más allá de nuestro amigo el gusano no hay prueba alguna de que la metformina y sus parientes[67] ralenticen directamente el envejecimiento, su efecto protector está siendo estudiado en ensayos clínicos con humanos.

Lo mismo sucede con la ya mencionada rapamicina. A pesar de su toxicidad, sabemos que altera la longevidad en los ratones, interfiriendo de un modo aún desconocido en las vías reguladas por la proteína mTOR. O con la NMN (nicotinamida mononucleótido), una molécula precursora de un meta-

---

lo que provoca el extraño efecto protector de la restricción calórica. La maquinaria encargada de esta síntesis se deteriora con el tiempo, por lo que una menor utilización provocaría menos desgaste en la misma y facilitaría su reparación.

67 La metformina forma parte de un grupo de fármacos conocidos como «antidiabéticos de la familia de las biguanidas», que incluye también a la fenformina y la buformina.

bolito ubicuo, que en todas las células se encuentra implicado en las interacciones entre proteínas que controlan la reparación del ADN y que parece proteger en cierta medida a los ratones del envejecimiento. Por último, también podemos mencionar a SkQ1, un antioxidante artificial que podría tener un efecto positivo en el progresivo deterioro de esas centrales de energía de las células que son las mitocondrias. Además, hay varias moléculas cuyo efecto sobre las sirtuinas se está investigando en estos momentos, por no mencionar los esfuerzos de algunos grupos por encontrar un fármaco que pueda promover la eliminación del ADN mitocondrial defectuoso[68].

Naturalmente, la búsqueda de fármacos no es la única alternativa abierta, ya que, tal y como hemos visto en estos últimos capítulos, la terapia génica en humanos podría con el tiempo llegar a ofrecer algunos de los frutos ya conseguidos en ratones o en el asombroso *Caenorhabditis elegans*. En cualquier caso, el descubrimiento de que la manipulación de un puñado de genes o de las vías metabólicas reguladas por ellos es capaz de prolongar la vida de los animales de laboratorio manteniéndolos al mismo tiempo en buen estado de salud, ha abierto en las últimas décadas una puerta a la esperanza de que nuestra especie pueda, un día tal vez no muy lejano, vencer al paso del tiempo y engañar un poco a la muerte. Así, y cual intrépidos sucesores de los aventureros españoles de Ponce de León, los científicos han entrado por esa puerta y se han lanzado a explorar territorios vírgenes por los intrincados caminos de la biología molecular, esos que pueden llevarnos a la versión moderna de la isla de Bimini y de su legendaria fuente de la juventud. Aunque sea de la mano de las ratas o de un pequeño y humilde gusano, en cuyo interior transparente quizá se encuentre el secreto de cómo eludir los efectos del fatídico reloj del juicio final.

---

68   Las mitocondrias también contienen mecanismos naturales para destruir los fragmentos de ADN que resultan defectuosos, pero estos mecanismos se ven completamente desbordados con el tiempo. Un fármaco que promoviese su «limpieza» podría resultar de lo más interesante.

Cabezas congeladas, humanos mejorados y misterios de la mente

Incluso de joven, sin embargo, nunca pude llegar a creer que, si el conocimiento conllevaba peligro, la solución fuese la ignorancia. Bóvedas de acero. Isaac Asimov (1920-1992), bioquímico y escritor estadounidense.

Reconozcámoslo: reparar sin cesar la miríada de diminutas maquinitas biológicas que integran las células de nuestro cuerpo parece tan difícil y laborioso que a largo plazo podría resultar inviable. Entonces, ¿por qué no adoptar una postura más radical, prescindir de lo viejo y simplemente dedicarnos a reemplazar todo lo que con los años se estropea?

En el reino animal, hay unos cuantos ejemplos de organismos que tienen la capacidad de regenerar partes enteras de su cuerpo, en caso de perderlas. El caso más conocido es el de la lagartija, pero sucede algo parecido con las salamandras y los geckos, con las estrellas de mar (en algunas especies puede llegar a regenerarse el disco central a partir de un solo brazo, algo así como si a un humano le creciese de nuevo todo el abdomen partiendo de una pierna...), con algunos artrópodos, caracoles y peces y, cómo no, con nuestra vieja

Gecko gigante de hoja de cola, *Uroplatus phantasticus*, en la reserva del Parque de Nosy Mangabe en Madagascar. El gecko muestra su lengua roja como defensa contra el enemigo.

conocida, la hydra. Pero casi tan versátil como la hydra es el gusano bellota[69] que ronda los arrecifes de coral, un tipo de bichejo que si lo partes en dos terminas teniendo dos gusanitos idénticos al cabo de dos semanas. Curiosamente, de entre todos los invertebrados que existen el gusano bellota es uno de los más emparentados con nosotros, los humanos.

Como ya habrá usted sospechado, todas estas criaturas tienen en común que conservan de adultos un buen puñado de células madre en orden de combate y listas para reconstruir los miembros en cuestión, una capacidad que el resto

---

69   Llamado así por el ensanchamiento de uno de sus extremos (probóscide), que le sirve para excavar en los sedimentos y recolectar alimento.

Un gusano enteropneusto anaranjado que atraviesa el sedimento. NOAA Collection Photo.

de los animales perdemos casi totalmente al final de la fase de embrión. Y decimos «casi totalmente», ya que, no olvidemos, algunos tejidos como la piel o los glóbulos rojos de la sangre se regeneran continuamente a lo largo de nuestra existencia. De igual modo, las cicatrices que dejan en un cuerpo las heridas no son sino la huella de una forma universal y limitada de regeneración, destinada a impedir que los fluidos del organismo escapen hacia el exterior.

¿Podría, por tanto, ampliarse de algún modo la capacidad de reconstrucción de los tejidos de un ser humano hasta el punto de poder sustituir los que se deterioran con el paso del tiempo? Los progresivos avances en medicina regenerativa parecen indicar que sí, al menos de forma parcial. Ya hemos visto cómo algunas líneas de células madre son capaces de dar origen a todos los tejidos del cuerpo. Los trasplantes de órganos son todavía muy problemáticos debido al rechazo que provocan por parte del sistema inmunitario, pero si el órgano trasplantado fuese generado por células reprogramadas a partir de los propios tejidos del paciente, el problema quedaría resuelto.

Ciertamente, estamos todavía lejos de llegar a eso, pero los cultivos celulares modernos son ya de gran ayuda, por ejemplo, para restaurar los tejidos dañados por quemaduras, y se vislumbra la posibilidad de fabricar órganos enteros, ya sea mediante impresoras 3D, utilizando un armazón de polímeros o aprovechando los propios elementos estructurales del cuerpo para sustentar una proliferación celular dirigida por factores de crecimiento y otros métodos de señalización que empiezan a ser bien conocidos[70]. También se está experimentando en la fabricación de órganos humanos dentro del cuerpo de animales como los cerdos. Al mismo tiempo, los científicos se afanan por encontrar los secretos que se encuentran detrás de las extraordinarias capacidades de los gusanos bellota o de las salamandras, por lo que no es de descartar que hallemos la forma de que partes de nuestro organismo consigan autorregenerarse. Los avances en nanotecnología, por su parte, parecen estar llenos de promesas con respecto a la posibilidad de reparar los tejidos dañados *desde dentro*, utilizando diminutos robots moleculares capaces de arreglar los estragos que causa el tiempo, cual si de modernos fontaneros se tratase. Por último, la ingeniería genética podría permitir modificaciones selectivas en el genoma humano que nos hiciesen mucho más resistentes a ciertas enfermedades y, en general, al paso del tiempo.

Por otra parte, nadie ha dicho que nuestros cuerpos tengan que ser orgánicos al cien por cien; de hecho, en cierto

---

70   O también haciendo crecer órganos humanos enteros dentro del cuerpo de otros animales, aprovechando que las señales químicas que utilizan en su desarrollo son parecidas a las nuestras.

modo muchos de nosotros ya somos como una especie de *cyborg,* esas entidades hechas en parte de tejido vivo y en parte de metal o plástico que resultan tan frecuentes en las historias de ciencia ficción. O si no, ¿qué son unas gafas o una prótesis sino una forma de sustituir lo que nos dio la naturaleza por un elemento inorgánico que viene a cumplir la misma función?

Es verdad que las prótesis resultan algo toscas, pero las nuevas herramientas robóticas que se están desarrollando tienen un cariz completamente diferente. En estos momentos, los científicos están experimentando con dispositivos artificiales que puedan sustituir por entero a órganos como el páncreas o los riñones, y en algunos casos, como el de los exoesqueletos, nos van a permitir hacer cosas que nuestros componentes biológicos no pueden ni soñar con realizar. Además, los investigadores llevan décadas probando herramientas robóticas que se conectan al sistema nervioso a través de interfaces que permiten al usuario controlarlas a voluntad. Como botón de muestra, en 2004, el artista londinense Neil Harbisson se convirtió oficialmente en el primer *cyborg* del planeta, al disponer de una antena implantada en su cabeza que le permite desde «escuchar» colores y percibir frecuencias en el infrarrojo y el ultravioleta hasta recibir todo tipo de comunicaciones audiovisuales directamente en el cerebro[71]. Si en el futuro pudiésemos conectar nuestra mente directamente a «la nube», nuestras capacidades se verían multiplicadas por el acceso inmediato a una ingente cantidad de datos.

Pero algunos van más allá y especulan con la posibilidad de «instalar» nuestra cabeza en un cuerpo totalmente artificial, dotado de sensores conectados a nuestro encéfalo. Esta

---

71 Entre otras muchas anécdotas, a Harbisson le costó Dios y ayuda renovar su pasaporte, hasta que pudo convencer al gobierno de que la antena, que consta de 4 implantes diferentes integrados dentro del cráneo, formaba parte de su cuerpo. También tuvo problemas con la policía durante una manifestación en Barcelona, en el transcurso de la cual llegaron a dañar la antena al creer que estaba filmando.

idea puede parecer extraña, pero, en el fondo, «nosotros» no somos sino nuestra personalidad y nuestros recuerdos, de manera que, si estos se conservasen, ¿qué importancia tendría la naturaleza del envoltorio en el que residieran? De hecho, nuestros cuerpos son muy distintos cuando somos niños y cuando somos adultos, tanto en tamaño como en prestaciones, y nosotros nos acostumbramos sin problemas a esos cambios.

Podríamos pensar, pues, en sustituir nuestro maravilloso pero frágil organismo constituido por trillones de células y un sinfín de pequeñas máquinas moleculares por una estructura androide hecha de metales duraderos, sofisticada pero incomparablemente más sencilla, fácil de sustituir y de reciclar, como si se tratase de un traje *prêt-à-porter*. Incluso, podríamos programar sus sensores para que solo pudiésemos sentir placer, y no dolor, y equiparla con instrumentos que ampliasen en mucho nuestras capacidades tanto físicas como de percepción, convirtiendo en realidad el sueño de los transhumanistas[72]. ¿Alguien querría renunciar a una existencia así?

Esta forma de plantear las cosas fue sin duda lo que llevó a Fred y a Linda Chamberlain a fundar en 1972 la Alcor Society for Solid State Hypothermia, posteriormente renombrada como Alcor Life Extension Foundation[73], una sociedad destinada al desarrollo y la aplicación de la criónica, entendida esta como la práctica de preservar los cadáveres de personas que están dispuestas a pagar por ello, en tanques de nitrógeno líquido, con la esperanza de poder devolverles la vida y la salud una vez la tecnología haya alcanzado el nivel necesario para restablecerlas. Asumiendo que podría ser más fácil recuperar únicamente la sede de los pensamientos y las

---

72   El transhumanismo es una corriente de pensamiento que tiene como objetivo la mejora de la condición humana mediante el uso de tecnologías capaces de alterar nuestras capacidades, tanto físicas como intelectuales. Fue desarrollada a lo largo del siglo XX por hombres como el genetista británico J.B.S. Haldane o por el biólogo Julian Huxley.
73   El nombre Alcor es un acrónimo de Allopathic Cryogenic Rescue («rescate criogénico alopático»).

emociones, por el módico precio de 80.000 $ Alcor ofrece como alternativa conservar nada más que la cabeza, en la confianza de que en su día esta pueda instalarse dentro de un cuerpo artificial.

Alcor es la más famosa de las compañías que se dedican hoy en día a la criónica en el mundo, pero no es ni mucho menos la única, ni tan siquiera la primera. De hecho, a partir de las ideas que los norteamericanos Robert Ettinger y Evan Cooper desarrollaron a principios de la década de los sesenta del pasado siglo, Curtis Henderson y Saul Kent fundaron en 1965 la Crionics Society de Nueva York, a la que pronto siguieron varias más. Desde entonces, la historia de la criónica (un término inventado por Karl Werner, colaborador de Kent y Henderson) ha resultado un poco rocambolesca.

Tras algunos fracasos, generalmente se acepta como primer «cliente oficial» de la nueva técnica al Dr. James Bedford, un profesor de setenta y tres años, congelado de forma que solo cabría calificar de rudimentaria en la Crionics Society of California, el 12 de enero de 1967. Al bueno de Bedford le siguieron unos cuantos incautos más, hasta que en 1979 se armó un enorme escándalo cuando se encontraron en un cementerio nueve cuerpos que habían sido descongelados hacía años en la CSC, por falta de fondos. Como consecuencia de ello, se adoptaron controles mucho más estrictos, lo cual no ha impedido que Alcor, por ejemplo, se haya visto envuelta en acusaciones que van desde el asesinato con barbitúricos (1994, caso archivado) hasta el maltrato de la cabeza de la estrella de béisbol Ted Williams (extremo este negado por la compañía).

¿Hay realmente esperanzas asociadas a la criónica? A medio plazo más bien no. Aunque la criopreservación de muestras relativamente pequeñas de tejido (espermatozoides, embriones, etc.) es ya ciertamente viable, su equivalente en órganos de mayor tamaño, por no hablar de un gran organismo completo, no lo es y todavía está lejos de serlo. Dejando al margen el espinoso asunto de la declaración de la «muerte legal» y la necesidad de comenzar el proceso de conservación[74] de inmediato —de lo contrario se corre el riesgo de que los tejidos más delicados se deterioren—, el principal problema, de largo, es la formación de innumerables cristales de hielo durante los procesos de congelación y descongelación. Estos cristales actúan como auténticos puñales que destrozan las estructuras biológicas y dejan los tejidos completamente inservibles, por lo que la reanimación del cuerpo resulta completamente imposible.

En las últimas décadas, el desarrollo de nuevos crioprotectores, sustancias que se inyectan al organismo antes del proceso de congelación, permite minimizar la formación de hielo (puede decirse que más que congelarse el organismo de «vitrifica»), protegiendo en gran medida los tejidos en esta primera fase, pero las garantías son mucho menores durante el proceso de descongelación, hasta el punto de que este último solamente ha tenido éxito en gusanos diminutos, cuyas células poseen mecanismos especiales de protección frente a las bajas temperaturas[75]. Recientes experimentos con nanopartículas preparadas a base de óxido de hierro, que se utilizan para llevar a cabo el calentamiento mediante la aplicación de un campo magnético, parecen demostrar que impedir la congelación podría ser posible, pero a estas alturas queda mucho por explorar.

Además, una vez la «desvitrificación» se llevase a cabo con éxito, haría falta reanimar el cuerpo, y eso ya son palabras mayores. Entre otras cosas, porque sería necesario solu-

---

74   Nada más certificarse el fallecimiento, es preciso suministrar al cadáver un cóctel de anticoagulantes y antioxidantes, para después proceder a su congelación tan pronto como sea posible. Al mismo tiempo, debe intentar mantenerse una respiración artificial, con objeto de minimizar la isquemia de los tejidos faltos de oxígeno.

75   Los partidarios de la criónica mencionan a veces que animales relativamente grandes, como algunas ranas, consiguen recuperarse completamente tras un proceso de enfriamiento y posterior calentamiento, pero en realidad la rana no llega a congelarse, sino que entra más bien en un estado de hibernación a temperaturas moderadas del que puede salir sin demasiados problemas.

cionar todos los daños producidos por los propios crioprotectores, que son tóxicos, por los defectos en el proceso de enfriamiento-calentamiento, y por la falta de oxígeno. En definitiva, habría que reparar la totalidad del organismo, célula por célula, eso sin contar con la necesidad de tratar la enfermedad o enfermedades que provocaron el fallecimiento. Después de todo, como dice un experto en envejecimiento, si congelas el cadáver de un anciano en un estado físico deplorable, cuando lo descongeles seguirás teniendo el cadáver de un anciano en el mismo estado lamentable, si no en uno peor.

Pero ¿qué hay del caso más económico, la neuropreservación, entendida esta como la conservación del cerebro dentro de una cabeza que ha sido separada del cuerpo? Aunque es evidente que resulta más fácil conservar tan solo una parte del organismo, al final el problema es exactamente el mismo: la dificultad de evitar que las tensiones que se producen durante los procesos de enfriamiento y posterior calentamiento terminen por hacer inservible el cerebro. En este caso, además, cualquier distorsión en las neuronas puede tener efectos dramáticos sobre el resultado. En efecto, ¿cómo asegurar que la persona que se despierte, si es que lo hace, sea la misma que la que falleció? ¿Habrá conservado sus recuerdos y su personalidad o los habrá perdido por completo durante el proceso?

Más allá de los problemas técnicos asociados a la criopreservación, estas preguntas esconden el verdadero rompecabezas de la criónica, ya que de poco nos sirve que nos resuciten si la que vuelve a la vida es, a fin de cuentas, otra persona. El cerebro es un órgano de una plasticidad extraordinaria que desarrolla una estructura única e irrepetible. De hecho, los gemelos idénticos son personas completamente distintas, a pesar de que disfrutan de la misma dotación genética, lo cual excluye la posibilidad de que podamos clonarnos al estilo de la oveja Dolly. Un clon nuestro sería como nuestro hermano gemelo, pero también sería una persona diferente, con su propia memoria e individualidad.

Pero hay más. Muchos de los afectados por accidentes o derrames cerebrales pierden parte de sus capacidades psíquicas o sufren importantes cambios en su personalidad. Los enfermos mentales o las personas sujetas a dolencias degenerativas como el Alzheimer ven su consciencia desdibujada y muy alterada. Y lo que es más significativo, los experimentos con pacientes que tienen el cuerpo calloso seccionado parecen apuntar a que cada uno de los hemisferios cerebrales por separado es capaz de generar una personalidad independiente, un resultado inquietante que nos lleva a mirar con escepticismo cualquier manipulación que podamos hacer con nuestro cerebro «vitrificado». En cuanto lo toquemos un poco, corremos el riesgo de que la persona que estaba dentro nunca vuelva a ser la que fue. Es lo que llamamos la «muerte teórica de información», un estado en el que todos nuestros recuerdos, nuestras esperanzas y nuestros sueños desaparecen sin posibilidad alguna de ser restituidos.

La ominosa posibilidad de que sea virtualmente imposible resucitar un cerebro muerto de modo que conserve la personalidad del finado se encuentra en la base de la más radical y «futurista» de las alternativas sugeridas por los transhumanistas: la transferencia de la mente humana a un sistema de soporte cibernético de duración indefinida.

En un escenario semejante, los más entusiastas ven la posibilidad de que la tecnología se desarrolle hasta el punto de poder escanear la estructura más compleja del universo con un nivel extremadamente detallado, dando lugar a una cartografía completa de todas y cada una de las neuronas del cerebro, con sus dendritas, sus axones y sus conexiones sinápticas, sin dejarse nada en el tintero. Este sensacional mapa molecular, integrado literalmente por miles de millones de datos, sería replicado en una estructura artificial, una especie de computadora donde los componentes celulares serían sustituidos por microprocesadores de plástico y de metal,

tal vez mediante el uso de algún tipo de impresora 3D de última generación. Una vez construido el *hardware*, bastaría enchufar el equipo a la corriente para que las nuevas estructuras, copiadas con precisión nanométrica, comenzasen a pensar como lo hacía en vida el cadáver objeto de tan mágica resurrección. Y al estar formado por componentes totalmente reemplazables, este cerebro artificial montado en un androide podría durar, literalmente, miles de años, al estilo de R. Daneel Olivaw, el robot de 20.000 primaveras que Asimov inmortalizase en sus célebres sagas de ciencia ficción.

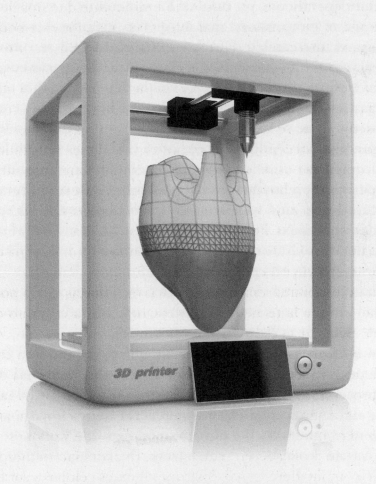

¿Podremos alguna vez imprimir copias de
nuestros órganos para alargar la vida?

Ahora bien, y por extraño que pueda parecer, aunque no estamos en disposición de decir si un escenario como este resulta viable, tampoco podemos asegurar lo contrario, básicamente porque no tenemos ni la más mínima idea de cómo funciona la consciencia. Desde la noche de los tiempos, los humanos nos hemos afanado en comprender la naturaleza del alma, el espíritu o como quiera que hayamos denominado a esa extraña característica que permite a algunos seres vivos percibir la realidad de una manera especial. Pero miles de años después, y tras siglos de ciencia y tecnología, estamos casi como al principio. Y para entender por qué esto es así, tenemos que fijarnos, una vez más, en los secretos de la evolución.

Desde el momento en que surgieron los primeros organismos, el intercambio de señales con el exterior se convirtió en uno de los mecanismos clave para la supervivencia. Dicho de otro modo, si eres una célula tienes que saber si te encuentras en un medio incómodo o si hay comida cerca. Y a medida que se fueron desarrollando seres más grandes, compuestos por tejidos diferenciados y millones de células, se hizo preciso crear un sistema de comunicación interno que permitiese a las nuevas criaturas, sobre todo a los animales, reaccionar ante los estímulos y amenazas externas con rapidez y precisión. Fue así como la naturaleza inventó el sistema nervioso. Naturalmente, en los animales más primitivos, este sistema está poco desarrollado (recordemos las 959 células del «gusano elegante») pero con el tiempo se ha convertido en una impresionante estructura formada por decenas de miles de millones de componentes.

En un principio, es muy probable que el sistema nervioso fuese poco más que una colección de sensores, conectados a un grupo de células que procesaban la información procedente del exterior con objeto de generar una respuesta por parte del organismo, un poco al modo inconsciente con el que actúan los robots[76] modernos. De hecho, cuando se

---

76   La palabra «roboti» fue supuestamente creada por el hermano del dramaturgo

observan al microscopio los detalles del «cableado nervioso» de un pequeño gusano nematodo, su estructura resulta ser extrañamente parecida a la de una moderna computadora. Sin embargo, a medida que los organismos evolucionaban, los sistemas nerviosos se iban haciendo más complicados, estableciendo centros de control (cerebros) y aumentando tanto en su extensión como en lo intrincado de sus conexiones. Nuevos niveles de procesamiento de la información abrieron dimensiones hasta entonces desconocidas y entonces, no sabemos si de forma paulatina o más bien de repente, el sistema pasó de ofrecer simples prestaciones de estímulo-respuesta (reflejos) a generar una imagen global integrada del entorno que le rodeaba. Esto supuso una enorme ventaja para la supervivencia de los grandes animales pluricelulares, que pasaban de moverse casi a ciegas a hacerlo en una especie de simulación de la realidad que facilitaba mucho las cosas.

Pero lo verdaderamente extraño, el misterio que aún no hemos podido desentrañar, a pesar de todos nuestros esfuerzos, es de qué manera esa aproximación al entorno inmediato se convirtió en un sistema en cierto modo *independiente de la realidad subyacente*, en el que las frecuencias de la luz se transforman en colores, las moléculas en olores y las vibraciones en sonidos. Un mundo donde surgió *una realidad paralela*, la de las emociones, las sensaciones y el reconocimiento de uno mismo. Una «simulación» que, siendo tremendamente eficiente de cara a la supervivencia, no puede ser la realidad verdadera (la auténtica está compuesta de frecuencias, vibraciones y daños objetivos para los tejidos vivos), pero que a nuestros efectos es la única que cuenta. ¿O es que alguien discutiría que la sensación de dolor es real? ¿Qué otra realidad tiene una existencia relevante que la que puede ser reconocida por la mente?

---

checo Karel Čapek. Apareció por primera vez en una obra de teatro escrita por este en 1920, en la que se describe a unos humanos artificiales orgánicos (más parecidos a clones). Procede de la voz checa *robota* (trabajo).

Esta extraña dualidad entre la naturaleza objetiva y la realidad subjetiva creada por los fenómenos mentales ha atormentado a nuestra especie durante milenios, y es lo que se conoce entre los científicos y los filósofos como el «problema duro de la consciencia». Y es que, a pesar de que empezamos a conocer bastante bien la manera en la que opera el sistema nervioso a efectos de transmisión de señales, seguimos sin tener la más mínima sospecha de cómo demonios los procesos electroquímicos del cerebro dan lugar a esa especie de imagen mental de la realidad que parece tener «vida propia» y que es la responsable de nuestros pensamientos, nuestras sensaciones y nuestros recuerdos.

Nótese aquí que el salto cualitativo fundamental, ese ante el que la ciencia por el momento se estrella, no estriba en pasar de los animales a los humanos, sino en la aparición de fenómenos que, a pesar de tener una correlación directa con los procesos físicos y químicos subyacentes, parecen gozar de una *naturaleza distinta,* surgida a partir de un procedimiento todavía desconocido. Este cambio *ya se ha dado en todos los animales superiores*, al menos en los que tienen un cerebro razonablemente desarrollado, pues son capaces de sentir lo que les sucede y «jugar» con su simulación. Así, cualquiera que observe el comportamiento de un perro, de un delfín o incluso de un pulpo o de un cuervo[77], no puede dudar en absoluto de que estos animales experimentan sensaciones y por tanto gozan de cierto nivel de consciencia. Al tener un cerebro más complejo, los humanos, simplemente, disfrutamos de capacidades mentales nuevas o más desarrolladas, pero no hay una diferencia *de principio*, sino tan solo de orden de magnitud.

¿Qué soluciones puede haber al problema duro de la consciencia? Dejando al margen las religiones, los intentos por

---

77 Las habilidades de perros, delfines o primates son bien conocidas, pero hay menos gente que sabe que los pulpos son capaces de solucionar problemas muy complejos a partir de la observación de su entorno y que los cuervos y las urracas utilizan herramientas o se reconocen a sí mismos delante de un espejo.

desarrollar una teoría que acabe con el misterio van desde especular con fenómenos cuánticos hasta sugerir que la integración de cantidades ingentes de información da lugar por sí sola a la aparición de los fenómenos mentales, una idea muy querida por los expertos que profetizan que en algún momento del futuro cercano algún superordenador cruzará la línea y tomará consciencia de sí mismo, al estilo del *Skynet* de la célebre saga *Terminator*. Es lo que ha venido a llamarse «la singularidad». Sin embargo, lo que sabemos hasta la fecha parece indicar que las cosas no son tan sencillas. De hecho, un gran número de células (o de microprocesadores) no garantiza por sí solo la emergencia de pensamientos o

emociones, como demuestra el hecho de que el cerebelo, ese órgano del encéfalo que integra las vías sensitivas y motoras, cuenta también con decenas de miles de millones de neuronas y, sin embargo, a diferencia del cerebro es incapaz de producir experiencia mental alguna.

Algo parecido sucede con los ordenadores, cuyo número de componentes no para de aumentar, sin que haya ningún indicio de que su progresiva mayor potencia les lleve derechos hacia la consciencia. Los impresionantes avances tecnológicos de las últimas décadas han llevado a que el número de transistores presentes en un *chip* haya pasado de los 2300 del Intel 4004 de 1971 a los muchos cientos de millones que integran los microprocesadores en la actualidad, y los superordenadores de última generación tienen una potencia de cálculo del orden de varias decenas de petaflops[78]. A pesar de lo cual, su forma de procesar la información sigue respondiendo al viejo esquema de estímulo-respuesta, lo mismo que le pasa al cerebelo.

Ciertamente, los nuevos y fascinantes desarrollos de la inteligencia artificial, con sus arquitecturas de «redes neuronales», su lógica difusa, sus algoritmos genéticos y sus métodos de «aprendizaje profundo», están permitiendo a las máquinas simular muchos de los comportamientos de la mente humana, en algunos casos de forma que resulta inquietante, pero ninguna de las soluciones parciales creadas hasta la fecha para los cerebros electrónicos se acerca ni por asomo a la gran simulación por excelencia, esa que adquiere entidad propia, dándose cuenta de su entorno e inventando sensaciones y emociones que constituyen una nueva realidad[79].

---

78 O lo que es lo mismo, de decenas de miles de billones (!) de operaciones de coma flotante por segundo.

79 Las redes neuronales son estructuras de microprocesadores dispuestos en varias capas, que intentan imitar en cierto modo la forma en la que el cerebro procesa la información. La lógica difusa es una técnica que sirve para hacer frente a los problemas poco definidos, que son la mayoría en el mundo real. Los algoritmos genéticos son programas que seleccionan las mejores soluciones a problemas complejos, a base de llevar a cabo

En el fondo, el problema que tenemos con la inteligencia artificial no es otro que la diferencia entre «consciencia» e «inteligencia». Cuando en 1950 Alan Turing —ese genio incomparable que contribuyó a que los aliados ganasen la Segunda Guerra Mundial al conseguir que el equipo de lumbreras que dirigía descifrase con rapidez los mensajes que los alemanes codificaban mediante la legendaria máquina Enigma— propuso el test que lleva su nombre, pretendía mostrar que si una computadora era capaz de responder a un interrogatorio de forma que no se la pudiese distinguir de una persona, entonces habríamos conseguido la primera máquina inteligente. Pero, a día de hoy, varios sistemas de inteligencia artificial están en disposición de empezar a sortear el test de Turing, a pesar de lo cual no están más cerca de ser conscientes de lo que lo estaban sus predecesores hace cincuenta años. Y no lo están porque inteligencia no es igual a consciencia. La inteligencia permite solucionar problemas, pero no proporciona por sí misma una imagen autónoma de la realidad.

Dicho de otro modo, se puede programar a un robot para que realice acciones del tipo «retira la mano de ahí para no rompértela» o «cuando el nivel de la batería baje de cierto límite, enchúfate a la corriente» pero estos comportamientos seguirán siendo reacciones inconscientes, no auténticas sensaciones de hambre o de dolor. Algunos expertos especulan con que tal vez la consciencia no sea exactamente el mismo fenómeno que las sensaciones o las emociones[80], pero nada es seguro y todo está por explorar.

---

cambios en las respuestas («mutaciones») e ir tanteando el resultado. Por último, el aprendizaje profundo es una forma de adquirir conocimientos sobre un tema generando modelos y reconociendo patrones a partir de un gran número de datos obtenidos de las observaciones (por ejemplo, para reconocer un rostro).

80   En la mítica serie de ciencia ficción *Star Trek: la nueva generación,* el comandante Data es un androide plenamente consciente de sí mismo, de su entorno y de los demás, a pesar de lo cual en su versión original resulta completamente incapaz de experimentar sensaciones ni emociones. Lo mismo sucede con los *cyborg* de la saga *Terminator* y con la mayoría de los robots dotados de consciencia descritos en las novelas y películas

Entonces, ¿qué? Puede que la respuesta definitiva no se esconda tanto en el número y disposición de los elementos de un sistema como en la forma muy particular en la que se relacionan entre ellos, algo que no sabemos si algún día seremos capaces de copiar en un cerebro artificial. Para muchos expertos, el problema de los ordenadores estriba en que todos utilizan el sistema binario (el de los unos y los ceros) para hacer funcionar las puertas lógicas de sus diminutos transistores, algo que, a fin de cuentas, puede que no sea la mejor solución para reproducir la actividad de esa especie de computadora analógica que es el cerebro[81].

Por eso, de momento nos limitamos a explorar la estructura más asombrosa del universo con los instrumentos más modernos de los que disponemos, en la esperanza de que lo que vemos arroje alguna pista acerca de qué hace en realidad la anestesia para que las heridas dejen de dolernos, de qué manera el estado de sueño induce una forma de consciencia reducida en la que a ratos experimentamos una simulación diferente, o por qué cuando alguien sale del coma su cerebro parece «encenderse» de forma progresiva, con un esquema algo caótico que recuerda una ciudad vista desde el aire al atardecer, a la que el alumbrado nocturno comienza a iluminar poco a poco. También, qué hay detrás del cambio en el patrón de las ondas cerebrales que permite a un ordenador interpretar una orden voluntaria, por ejemplo, cuando un paciente mueve un brazo robótico. En definitiva, intentamos entender ese regalo asombroso que un buen día

---

de ficción desde los tiempos de *I, Robot,* de Isaac Asimov. Sin embargo, no está nada claro en qué medida ambos fenómenos pueden darse por separado.

81   Las computadoras analógicas utilizan magnitudes con valores continuos, como el voltaje, en lugar de los valores discretos (1 y 0) típicos de la computación digital. Aunque más del 95 % de los ordenadores actuales son digitales, el impulso nervioso, con su progresiva despolarización de las neuronas, se parece mucho más en su funcionamiento a una máquina analógica.

nos hizo la naturaleza y cuyo secreto parecemos incapaces de desentrañar.

Pero mientras llegan las respuestas a la mayor de las preguntas, la transferencia de consciencia tendrá que esperar, la «muerte de la información» seguirá haciendo desaparecer quienes fuimos, a qué personas amamos y qué experiencias vivimos, y tan solo nos quedará el consuelo de ser recordados, al menos durante algún tiempo, por aquellos seres cercanos que nos sobrevivan. Y al margen de ello, algunos tal vez mantengamos una presencia virtual e inconsciente en las bases de datos o en los libros de historia, mientras que otros se entregarán a su fe religiosa, en la esperanza de que después de esta vida haya un hueco para el alma humana en ese lugar tan difuso y poco accesible para la ciencia que unos llaman el cielo y otros el más allá[82].

O tal vez intenten probar la criónica, por si acaso su rocambolesco procedimiento llegase a ofrecer, aunque sea en un futuro lejano, una segunda oportunidad. Después de todo, y aunque conseguirlo parezca imposible, ¿quién no arriesgaría su dinero en una tómbola con un premio como ese?

---

82 En las últimas décadas, se ha popularizado el mito de las «experiencias cercanas a la muerte», en las que personas que se recuperan de circunstancias terminales declaran haber visto un lugar luminoso en el que viven sus seres queridos. La postura de la ciencia al respecto es que tales visiones, cuando son auténticas, son consecuencia de la actividad de cerebros que todavía no han sufrido la «muerte de la información», siendo por tanto todavía capaces de generar sueños y otros escenarios simulados.

EPÍLOGO
El vértigo del futuro

Aunque todavía nos queda un largo camino por recorrer, es evidente que nuestra especie ha alcanzado grandes logros en su esfuerzo por prolongar la vida humana. De hecho, muchos de esos logros eran absolutamente impensables hace tan solo cien o ciento cincuenta años. Con la ayuda de la ciencia, esa poderosa herramienta que tras siglos de desarrollo del pensamiento hemos conseguido adoptar, no estamos lejos de lograr que la mayoría de las personas alcance la barrera de los noventa años e incluso que se acerquen a los cien. Teniendo en cuenta que en la época de Jesucristo apenas una persona de entre mil pasaba de los ochenta, sin duda se trata de un avance espectacular. Sin embargo, a menudo se nos olvida que este cambio tan drástico se concentra básicamente en las últimas décadas, anunciando una reestructuración tan profunda de la sociedad que seguramente acarreará transformaciones de gran calado, con consecuencias difíciles de valorar.

En primer lugar, se encuentra el espinoso tema del envejecimiento generalizado de la población y su ominoso impacto sobre los modernos sistemas de previsión social. Desde que en

Otto Von Bismarck.

1883 el canciller Bismarck introdujese en el Imperio alemán la Ley del Seguro de Enfermedad, la primera norma de previsión de carácter cuasi universal que registra la historia,[83] todos los países han ido introduciendo paulatinamente, con mayor o menor generosidad, normas que protegen a los ciudadanos contra contingencias como la invalidez o la jubilación. Estas reglamentaciones dan lugar a derechos que se financian mayoritariamente a través de los impuestos, creando una especie de solidaridad intergeneracional, en la que el trabajo de los jóvenes financia el tratamiento de las enfermedades y la manutención de los ancianos, así como la de otras personas que no se encuentran en disposición de trabajar.

Como es lógico, la facilidad con la que se pueden mantener estos sistemas depende del equilibrio entre los ingresos y los gastos o, dicho de otro modo, de cuántos trabajadores «soportan» la presión que imponen, mayoritariamente, las personas que ya han alcanzado la edad de jubilación. Cuando se crearon los programas de Seguridad Social, había un número significativo de trabajadores por cada jubilado y, además, estos últimos ocasionaban un gasto limitado, ya que su esperanza de vida no era muy alta, una vez dejaban de trabajar. Sin embargo, hoy en día, países en los que la edad de retiro se sitúa alrededor de los sesenta y cinco ven cómo muchos de sus ancianos viven todavía otros veinte años o más, recibiendo no solamente sus pensiones sino también tratamientos médicos frecuentes, que cada vez son más caros y sofisticados y que, en algunos casos, se extienden a lo largo de décadas.

Por otra parte, los ancianos no solamente viven más, sino que su número aumenta de forma prodigiosa. Por ejemplo, en un país como España, y como consecuencia de las mejoras generalizadas en la sanidad, el porcentaje de personas

---

83   Con anterioridad siempre habían existido programas estatales para subsidiar el retiro o el tratamiento de las enfermedades, pero estaban muy restringidos a ciertos colectivos. Por el contrario, la ley de 1883 protegía a todos los trabajadores de la industria alemana con carácter general.

La esperanza de vida ha aumentado considerablemente en los últimos años. A nivel global, la esperanza de vida al nacer ha aumentado en 3 años, por lo que ha pasado de 67 a 70. El mayor cambio ha tenido lugar en África, donde la esperanza de vida se incrementó en 6 años en la primera década del siglo XXI, después de que en la anterior sólo aumentara 2 años. La esperanza de vida en África en el período 2010-2015 era de 60 años, en comparación a los 72 años en Asia, los 75 en Latinoamérica y el Caribe, 77 en Europa y Oceanía, y 79 en América del Norte. *Perspectivas demográficas mundiales de la ONU*, revisión de 2017.

mayores de sesenta años ha pasado de ser de menos del 9 % del total de la población en 1900 a algo más del 24 % en 2016, es decir, casi la cuarta parte del total. Y en el caso de los mayores de setenta y cinco años, el porcentaje es entre seis y siete veces superior al de hace un siglo, aproximándose rápidamente al 10 % de la población. Al ritmo que llevamos, se estima que el número de octogenarios o personas con edades superiores se situará en 2050 en alrededor de los cuatrocientos millones de personas en todo el mundo, una cifra descomunal que multiplicará por cuatro la cifra correspondiente al año 2000. En un escenario semejante, todas las proyecciones demográficas indican que, si la edad de jubilación se mantuviese alrededor de los sesenta y cinco años, a mediados de siglo habría más gente cobrando una pensión que trabajando, algo a todas luces insostenible.

Naturalmente, tanto el progresivo retraso en la edad de jubilación como la contratación de planes de pensiones privados[84] son soluciones a corto y medio plazo, siempre y cuando la economía garantice un número de puestos de trabajo adecuado[85]. Pero ¿que pasará si la gente llega a alcanzar de media los ciento diez o ciento veinte años? Si semejante prolongación de la existencia se hiciese en estado saludable, es posible imaginar que los nuevos y vigorosos ancianos siguieran trabajando hasta edades muy avanzadas, pero, si la longevidad viniera acompañada de los omnipre-

---

84 Al financiarse a través de impuestos que se recaudan en el momento, las pensiones públicas no pueden financiarse con las contribuciones que el trabajador aportó en su día, debido al efecto de la inflación. Por el contrario, los sistemas de previsión privados permiten capitalizar e invertir las aportaciones, de modo que las prestaciones incluyen también la revalorización.

85 Muchos economistas abogan por esta solución, obviando que, por lo general, el mercado laboral suele excluir sistemáticamente incluso a personas relativamente jóvenes, a partir de los cuarenta y cinco o cincuenta años, debido a que cuestan más y a cierta falta de flexibilidad para afrontar la cada vez más agresiva innovación tecnológica. Muchas de estas personas se ven abocadas a una madurez difícil, sostenida a través de un autoempleo precario.

sentes achaques, entonces la factura sanitaria global puede que resultase simplemente inabordable. ¿Se dirige la sociedad hacía una gran desigualdad, en la que algunos privilegiados tengan acceso a tratamientos que les permitan vivir durante muchas décadas, frente a una masa de gente que, al no podérsela pagar de su bolsillo, apenas pueda gozar de una asistencia sanitaria precaria?

El otro elemento de preocupación no es otro que la otra cara de la misma moneda. Hoy en día, los jóvenes acceden al mercado laboral a través de la progresiva jubilación de los trabajadores de más edad, al menos en parte. Pero si las personas de ochenta o noventa años añadiesen a su enorme experiencia el ímpetu y el vigor emprendedor de la juventud, ¿qué oportunidades quedarían para los «auténticos» jóvenes? ¿Podemos imaginar un mundo de expertos, con décadas de experiencia acumulada, que taponen por completo el acceso de los recién llegados a cualquier puesto de trabajo que resulte más o menos decente? Esto puede parecer ciencia ficción, pero la creciente automatización de los procesos que sustentan la economía lleva a pensar que, a la larga, solo los trabajadores más cualificados tendrán una oportunidad.

Si usted se pregunta por qué esto tiene que ser así, échele un vistazo a la historia. Cuando el hombre se hizo sedentario, sus actividades económicas principales se situaron en lo que se viene a llamar el sector primario; cosas como la agricultura, la pesca y la ganadería. A partir de finales del siglo XVIII, la revolución industrial y la subsiguiente mecanización de las tareas se llevaron por delante la mayoría de los empleos poco cualificados en el campo, pero las masas de trabajadores pudieron recolocarse en la industria de las ciudades. Con el tiempo, la progresiva automatización de las fábricas suprimió gran parte de los empleos industriales, pero una vez más los trabajadores pudieron desplazarse hacia el sector de los servicios. Como consecuencia de ello, hoy en día en muchos países un porcentaje alto de la población trabaja en el transporte, la distribución, el turismo o la hostelería, además de en los servicios financieros, la sanidad y otras actividades por el estilo.

Pero el advenimiento de la inteligencia artificial promete acabar con la gran mayoría de los empleos poco cualificados de este sector terciario, así como con los que quedan en la industria, y en esta ocasión *ya no hay un cuarto sector al que dirigirse de forma masiva*[86]. Los empleos del futuro serán, por definición, muy cualificados, y ahí es donde la mayor longevidad de los expertos puede asestar el golpe de gracia al nuevo equilibrio, ya de por sí precario, de la economía. Naturalmente, el cambio no será drástico, sino más bien paulatino, pero es muy probable que a finales de siglo la situación se haya convertido en un verdadero problema. ¿Nos encontraremos en un escenario en que la mayoría de la población cobre una renta básica, subsidiada por el estado, que apenas permita la subsistencia, mientras que una élite de super-expertos con más de cien años controle la tecnología y acumule la mayor parte del capital en la nueva economía?

La siguiente cuestión que debería responderse es cómo se verá afectada la natalidad en un mundo donde la gente viva el doble o el triple que hasta la fecha. Todavía no sabemos qué consecuencias puede tener para el organismo un aumento tan destacado de la longevidad, pero es muy posible que se alargue el período de fertilidad de cada individuo, especialmente en el caso de las mujeres. En un planeta ya superpoblado, no parece una buena idea que la tasa de natalidad aumente, pero la alternativa supone mantener métodos anticonceptivos quizá durante muchas décadas. Las relaciones sociales pueden verse afectadas significativamente, con familias enormes donde los tatarabuelos convivan con descendientes de varias generaciones.

---

86 El llamado «sector cuaternario», que incluye genéricamente servicios relacionados con el conocimiento y el tratamiento de la información (medios de comunicación, servicios basados en la red, etc.) no es en realidad más que un subsistema del terciario, y además es especialmente «vulnerable» al advenimiento de la inteligencia artificial.

La industrialización cambió no solo los paisajes y estructuras de las ciudades sino que transformó la organización social de las mismas. Supuso un punto de inflexión en la historia: el paso desde una economía rural y agraria a una economía de carácter urbano, industrializada y mecanizada

Por último, está el asunto de la pinta que tendremos. A lo largo de los últimos capítulos han desfilado la terapia génica, la regeneración tisular, la nanotecnología y hasta los cuerpos totalmente mecanizados. En este sentido, los longevos adultos del futuro podrían simplemente ser personas que envejeciesen más tarde, pero también una especie de *cyborgs* dotados de miembros de plástico o de metal junto con estructuras artificiales diseñadas para sustentar órganos regenerados. Unos seres mitad orgánicos mitad inorgánicos con capacidades extraordinariamente mejoradas, en los que resultase difícil reconocer a los viejos y frágiles humanos cuyas vidas eran un valle de sangre, sudor y lágrimas. Quizás, y llevando las cosas al extremo, unas entidades definidas tan solo por sus mentes, capaces de cambiar de cuerpo como quien se muda de camisa.

¿Estamos preparados para todo eso, para un mundo de seres en esencia «virtuales», conectados a través de la nube, o quizá para un mundo superpoblado por medio-androides cuyo nivel de longevidad y riqueza presente un grado de desigualdad inaguantable, con un porcentaje de auténticos semidioses con acceso absolutamente a todo viviendo en paraísos aislados, separados de una inmensa turba de congéneres con posibilidades cada vez más limitadas?

Sin duda habrá gente que opine que no es para tanto, que los gobiernos democráticos trabajarán para impedir esta última propuesta, redistribuyendo riqueza y oportunidades de manera que, aunque sigan existiendo las élites, amplias capas de la población disfruten de una situación acomodada. En esta alternativa, la mayor parte de la gente tendría un acceso razonable a los recursos y a la tecnología, viviendo una vida muy larga en una economía global con un crecimiento suave y sostenido, en el que el crecimiento demográfico se detiene (si tengo doscientos años para tener un hijo, no tengo prisa por tenerlo) y la ciencia consigue solucionar todos los problemas medioambientales. Los humanos entrarían así en una nueva era del conocimiento y el ocio, en la que la economía se vería sustentada por el trabajo de los robots y el resto de las máquinas, mientras que las personas pasarían su tiempo cultivándose y disfrutando de las relaciones sociales.

Como siempre, es probable que el futuro sea muy distinto de estas dos versiones, o incluso que sea una combinación de las mismas, dependiendo del momento y el lugar. Sin embargo, y sea cual sea la respuesta, el desafío que se nos presenta por delante es de tal magnitud y son de tanto calado sus potenciales consecuencias que debemos estar abiertos a escenarios nunca vistos a lo largo de toda la historia de la humanidad, en lo que constituirá una nueva realidad en la que la economía, la sociedad y las relaciones entre las personas adoptarán formas y modelos muy distintos a todo lo que hemos conocido hasta la fecha.

Unos escenarios y un futuro que habrán sido fruto de la obsesión más antigua y duradera que haya atormentado a nuestra especie desde los tiempos de los egipcios y del emperador Qín Shǐ Huáng: cómo eludir la muerte y vivir por toda la eternidad, la pregunta a la que todos y cada uno nos gustaría poder contestar.

Para saber más

Aufderheide, Arthur C. (2003). *The Scientific Study of Mummies.* Cambridge University Press, Cambridge.

Ballesteros, Jesús y Fernández Ruiz-Gálvez, María Encarnación (2007). *Biotecnología y poshumanismo.* Aranzadi.

Barber, Paul (1988). *Vampires, Burial and Death: Folklore and Reality.* Yale University Press, New York.

Blasco, María A. y Salomone, Mónica G. (2016). *Morir joven, a los 140.* Paidós, Barcelona.

Boia, Lucian (2006) *Quand les centenaires seront jeunes: l'imaginaire de la longétivité de l'Antiquité à nos jours.* Les Belles Lettres, París.

Bolonkin, Alexander (2010). *Rapture: Human Immortality and Electronic Civilization.* Publish America.

Bova, Ben (2000). *Immortality: How Science Is Extending Your Life Span-and Changing the World.* Avon, New York.

Buettner, Dan (2009). *The Blue Zones: Lessons for Living Longer from the People Who've Lived the Longest.* National Geographic Books.

Carey, James R. (2003) *Longevity. The biology and Demography of Life Span.* Princeton University Press.

Carey, James R. & Judge, Debra S. (2000) *Longevity records: Life Spans of Mammals, Birds, Amphibians, reptiles, and Fish.* Odense

Monographs on Population Aging, 8.

Carroll Cruz, Joan (1977). *The Incorruptibles: A Study of the Incorruption of the Bodies of Various Catholic Saints and Beati.* TAN Books, Charlotte.

Casas, Miquel, (2017) *El fin del Homo sapiens: La naturaleza y el transhumanismo.* Ápeiron.

Cave, Stephen (2012). *Immortality: The Quest to Live Forever and How it Drives Civilization.* Crown.

González Boixo, José Carlos (2008). *La búsqueda de la fuente de la Juventud en «La Florida»: versiones cronísticas.* Biblioteca Virtual Miguel de Cervantes, Alicante.

Hall, Stephen S. (2003). *Merchants of Immortality: Chasing the Dream of Human Life Extension.* Houghton Mifflin, Boston.

Perry, R. Michael (2000). *Forever For All: Moral philosophy, Cryonics, and the Scientific Prospects for Immortality.* Universal Publishers, New York.

Pickover, Clifford (2007). *A Beginner's Guide to Immortality: Extraordinary People, Alien Brains, and Quantum Resurrection.* Thunder's Mouth Press, New York.

Stock, Gregory (2002). *Redesigning Humans: Choosing our Genes, Changing our Future.* Mariner Books.

West, Michael D. (2003). *The Immortal Cell: One Scientist's Quest to Solve the Mystery of Human Aging.* Doubleday.

C:\w\index.php?title=Gregory_Stock&action=edit&redlink=1

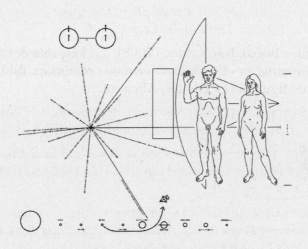

Esta obra se terminó de imprimir por encargo de Editorial Guadalmazán el 2 de marzo de 2018. Tal día del año 1972 se lanzó al espacio la sonda espacial Pioneer 10 la cual contenía una placa con un mensaje simbólico sobre el ser humano y su localización, para la posible vida extraterrestre que pudiera interceptarla. La placa fue diseñada entre otros por Carl Sagan. Rumbo a Aldebarán se perdió contacto con ella en el año 2003 cuando distaba doce mil millones de kilómetros de la Tierra. ¡Buen viaje!